Andrea Schöne

Behinderung & Ableismus

unrast transparent

linker alltag

UNRAST

Bibliografische Information der Deutschen Bibliothek:
Die Deutsche Bibliothek verzeichnet diese Publikation in der Deutschen Nationalbibliografie; detaillierte bibliografische Daten sind im Internet über https://www.dnb.de abrufbar.

Andrea Schöne
Behinderung & Ableismus

unrast transparent
linker alltag
Band 6

2. ergänzte Auflage, Juni 2023
ISBN 978-3-89771-152-5

kontakt@unrast-verlag.de | www.unrast-verlag.de
Mitglied in der assoziation Linker Verlage (aLiVe)

Umschlag: Unrast Verlag, Münster
Satz: Unrast Verlag, Münster
Druck: Multiprint, Kostinbrod

Inhalt

Vorwort 5

1. Wissenschaftliche Hintergründe und Geschichte hinter Ableismus

Able-Was? – Unterschied zwischen Ableismus und Behindertenfeindlichkeit 8

Nicht normal? – Ableismus macht behinderte Menschen zu den ›Anderen‹ 12

Historische Hintergründe über Behinderung 16

Die Macht und Kultur hinter Sprache 23

Sichtweisen auf Behinderung seitens der Gesellschaft 33

2. Phänomene, Stereotype, Sichtweisen von Alltagsableismus

Mikroaggressionen und Sphären von Ableismus 39

Stigmatisierung oder der Elefant im Raum 41

Distanzlosigkeit 43

Inspiration Porn 47

Pity Porn 51

Reduktion auf Dinge, die ein Mensch nicht kann 52

Aggressive Ablehnung und Entmenschlichung 54

Abschottung von der Außenwelt 58

Ignoranz der Lebenswelt und Erfahrungen behinderter Menschen 60

Überbetonung, Bewunderung 64

3. Auswirkungen von Ableismus im Alltag

Internalisierter Ableismus und gesellschaftliche Erwartungen an behinderte Menschen 65

Warum Ableismus auch für nichtbehinderte Menschen schlecht ist und wie er ihre Lebenswelt betrifft 72

Tipps für den Erstkontakt mit behinderten Menschen 73

Was bedeutet ***Nondisabled Privilege*** 77

Ausblick: *Disability Pride* und *Culture* – Behinderung als Identität 84

Literaturverzeichnis 87

Vorwort

»Ich habe Kenntnis davon erhalten, dass es ein verletzendes Wort in meinem neuen Song ›Grrrls‹ gibt. Lasst mich eines klar sagen: Ich wollte niemals abwertende Sprache unterstützen. Als mehrgewichtige Schwarze Frau in den Vereinigten Staaten, habe ich viele schmerzhafte Worte gehört, die gegen mich verwendet wurden. Deshalb verstehe ich, welche Macht Worte haben können (egal ob absichtlich oder, wie in meinem Fall, unabsichtlich). Ich bin stolz zu sagen, dass es eine neue Version von ›Grrrls‹ mit einer Änderung der Lyrics gibt. Dies ist mein Ergebnis zuzuhören und zu handeln. Als einflussreiche Künstlerin versuche ich stets, Teil des Wandels zu sein, den ich auf der Welt zu sehen erhoffe.«

Statement von Lizzo auf Instagram am 14. Juni 2022

In einer Liedzeile der ersten Version von ›Grrrls‹ sang Lizzo: »*Hold my bag, bitch, hold my bag / Do you see this shit? I'm a sp*z*[1]«. Im englischsprachigen Raum ist Sp*z ein abwertendes Wort für Menschen mit Zerebralparese. Auf die Kritik von Behindertenrechtsaktivist*innen reagierte Lizzo vorbildlich als Verbündete, die etwas dazugelernt hat. Das ist bei Weitem nicht die Regel, da ableistische Wortwahl, Verhaltensweisen und Gesellschaftsstrukturen nach wie vor noch viel zu wenig oder sogar gar nicht von Nichtbetroffenen wahrgenommen werden[2]. Wie schon das Wort ›able‹ in Ableismus andeutet, kommt der Ausdruck aus dem englischsprachigen Raum, ›able‹ bedeutet so viel wie ›fähig sein‹ und ist dort – im Gegensatz

1 Übersetzt so viel wie: »Halt meine Tasche, Schlampe, halt meine Tasche. Siehst du diesen Scheiß? Ich bin ein Spa*«

2 An dieser Stelle sei anzumerken, dass Beyonces Song *Heated*, der im August 2022 herauskam, das gleiche ableistische Wort enthält und nach Protesten auch Beyonce den Liedtext verändern will. Auffällig ist, dass ausschließlich Women of Color und Schwarze Musiker*innen kritisiert werden, während weiße Musiker*innen wie Katy Perry oder Ed Sheeran ebenso schon Songs herausgebracht haben, die ableistische Wörter enthalten. Dafür wurden diese als weiße Musiker*innen allerdings nicht öffentlich kritisiert oder änderten ihre Liedtexte. Das sehe ich kritisch, weil es das rassistische Verhalten der Dominanzgesellschaft widerspiegelt.

zum deutschsprachigen Raum – auch schon seit Jahrzehnten in den allgemeinen Sprachgebrauch übergegangen.

In meinem Berufsleben als Journalistin, Speakerin und Moderatorin erlebe ich nur allzu häufig, wie wenig sensibilisiert und auch interessiert deutsche Medienhäuser sind, die diskriminierenden Strukturen innerhalb ihres Betriebs als auch in der eigenen Berichterstattung wahrzunehmen. Immer wieder muss ich Kolleg*innen erklären, warum ihre Haltung oder Wortwahl in der Berichterstattung diskriminierend ist. Teils verlangen Medienhäuser von mir, Interviewpartner*innen mit Behinderung übergriffige Fragen zu stellen oder verändern meine Artikel, indem sie herabsetzende Haltungen und Wörter gegenüber behinderten Menschen eigenmächtig ergänzen. Auf der anderen Seite erlebe ich auch große Berührungsängste gegenüber mir als Person bei Journalist*innen-Tagungen, bei denen ich oft als Auskunftsquelle zur Berichterstattung über Behinderung herhalten muss, weil ich die erste Journalistin mit Behinderung bin, der sie begegnen und die sich zusätzlich auch noch bestens in dem Themenbereich auskennt. In Bildungseinrichtungen haben Lehrkräfte zum Großteil noch nie davon gehört, was Ableismus eigentlich bedeutet, sollen aber Schüler*innen mit und ohne Behinderung zusammen unterrichten, ohne sich der eigenen diskriminierenden Einstellung bewusst zu sein und ohne jemals bezüglich Ableimus sensibilisiert worden zu sein.

Dieses Buch soll das ändern. Bisher gibt es fernab der akademischen Literatur kaum umfassende deutschsprachige Einführungswerke, die wissenschaftliche und aktivistische Hintergründe zusammenbringen. Hervorheben möchte ich hier Mika Mursteins Buch *I'm a queerfeminist cyborg, that's okay*. Ausgehend von den Forschungsergebnissen aus Soziologie, Geschichtswissenschaft, *Disability*[3] *Studies* (Wissenschaft zu [Nicht-]Behinderung) und Kulturwissenschaft werden aktivistische Diskussionen und Erfahrungen aus der Lebenswelt behin-

3 Disablity ist das englische Wort für Behinderung.

derter und chronisch kranker Menschen eingeordnet. Dazu war oftmals eine interkulturelle Transferleistung notwendig, da die meiste Grundlagenliteratur bisher nur auf Englisch verfügbar ist.

Im ersten Teil gehe ich insbesondere auf verschiedene wissenschaftliche Hintergründe zu Behinderung und Ableismus ein. Ich definiere, was Ableismus und Behindertenfeindlichkeit bedeuten und worin der Unterschied liegt. Zum anderen beschreibe ich, warum es Behinderung nur geben kann, wenn es ›Normalität‹ gibt. Im weiteren Verlauf gehe ich darauf ein, welche historischen Hintergründe es gibt und wie diese unseren heutigen Sprachgebrauch beeinflussen. Zuletzt beleuchte ich welche Sichtweisen auf Behinderung durch die Gesellschaft hervorgebracht wurden. Im zweiten Teil dreht sich alles um Mikroaggressionen, welche zur Lebenswelt behinderter Menschen gehören, bisher aber kaum erforscht sind. Im dritten Teil werden die Auswirkungen von Ableismus auf das Selbstbild behinderter Menschen aufgezeigt und dargestellt, wie es ebenso die Lebenswelt Nichtbehinderter mitbestimmt. Zuletzt gebe ich Anregungen, wie Nichtbehinderte ihre Privilegien reflektieren und Verbündete werden können.

Während meiner Arbeit an diesem Buch war es stets mein Bemühen, nicht nur ableistische Erfahrungen einzubringen, die ich als kleinwüchsige und gehbehinderte Frau mache. Dennoch wurde mir im Laufe der Zeit klar, dass Behinderungen und chronische sowie psychische Erkrankungen und die Lebenswelten der Betroffenen so vielfältig sind, dass auch ich Lebenswelten missachte, nicht verstehe und nicht zur Sprache bringe. Dieses Buch ist ein erster Versuch, Ableismus auf verschiedenen Ebenen erklärbar zu machen. Daher enthält diese zweite Ausgabe meines Buches eine Aktualisierung, in welcher ich Hinweise, Feedback und eigene Reflexionen einarbeite, um mein Buch selbst zu verbessern. Zum Nachdenken, zum Streiten und zum Weiterdenken, zum Entdecken, worüber wir noch sprechen müssen, wer Raum in Diskussionen einnimmt, wer mehr Raum bekommen muss und wie wir das als Gesellschaft schaffen.

1. Wissenschaftliche Hintergründe und Geschichte hinter Ableismus

Able-Was? – Unterschied zwischen Ableismus und Behindertenfeindlichkeit

Im September 2020 startete die US-amerikanische Behindertenrechtsaktivistin Kayle Hill auf Twitter das Hashtag *#AbleismTellsMe*, welches – zu ihrem Erstaunen – insbesondere in Deutschland bombastisch einschlug. Ich würde sogar sagen, dass es ein kleiner ›MeToo‹-Moment für behinderte Menschen in Deutschland war, denn zum ersten Mal wurde nach der Social-Media-Aktion mehrfach in den Medien über Ableismus berichtet. Behinderte Menschen nutzen dieses Hashtag auch heute noch, insbesondere in Deutschland, um diskriminierende Erfahrungen zu teilen. Entstanden ist der Begriff ›Ableismus‹ in den 80er-Jahren der US-amerikanischen Behindertenrechtsbewegung. Diese Diskriminierungsform beschreibt, wie Sexismus und Rassismus, ein System von Praktiken, Institutionen, Glaubensbildern und Werten bildet sowie soziale Beziehungen in ein geschlossenes Weltbild einfasst. Ableismus ist ein System, das die einen Menschen, welche zur sogenannten ›Norm‹ gehören, einschließt und andere ausschließt und zu den unsichtbaren ›Anderen‹ erklärt. Ableismus leitet sich von dem englischen Wort ›able‹ ab, welches ›fähig‹ bedeutet. Fähigkeiten, die als essenziell angesehen werden, werden gezielt hervorgehoben und gleichzeitig wird bewertet, wie Fähigkeiten aussehen müssen, um als ›nichtbehindert‹ kategorisiert zu werden. Dies ist ein Teilaspekt von Ableismus.

Eine allgemeingültige Definition, was Ableismus umfasst und was nicht, gibt es weder unter Behindertenrechtsaktivist*innen noch in der Wissenschaft. Die Forschung über Ableismus steckt größtenteils noch in den Kinderschuhen. Im deutschsprachigen Raum gibt es kaum Literatur, die Ableismus umfassend beschreibt. Ich möchte aber den 2020 erschienenen Essay *Ab-*

leismus der Literaturwissenschaftlerin und Behindertenrechtsaktivistin Tanja Kollodzieyski hervorheben. Ihr Essay steht für repräsentative Literatur von behinderten Menschen. Innerhalb der Community wird der Essay sehr geschätzt, erreichte aber bisher nicht den Mainstream.

Ich definiere Ableismus als: ein geschlossenes System von Denk- und Verhaltensweisen, das sich in verschiedenen Formen innerhalb der Gesellschaft und Institutionen äußert. Nichtbehinderte sind in diesem System privilegiert. Das heißt, sie haben gegenüber behinderten Menschen gesellschaftliche und strukturelle Vorteile, die behinderte Menschen unterdrücken. Nichtbehinderte haben die Deutungshoheit über das Leben und die Eigenschaften, die sie behinderten Menschen zuschreiben. Diese können sowohl positiv als auch negativ besetzt sein, folgen aber stets Stereotypen. Mittel der Zuschreibungen sind beispielsweise Sprache, Gesetze, Gegenstände jeglicher Art und soziale Beziehungen. Im Mittelpunkt der Deutungen steht die Bewertung von Menschen und deren Körpern nach Leistungsfähigkeit, festgelegt von der nichtbehinderten Dominanzgesellschaft. Damit betrifft Ableismus aber auch direkt die Lebenswelt nichtbehinderter Menschen.

Er steht zwar bereits im Duden, jedoch ist der Begriff Ableismus noch so unbekannt, dass selbst MS-Word den Begriff noch rot markiert. Als Vorschläge für alternative Wörter wird u.a. ›Albinismus‹ vorgeschlagen, ironischerweise selbst ein ableistischer Begriff. Meistens wird Ableismus im deutschsprachigen Raum mit ›Behindertenfeindlichkeit‹ gleichgesetzt, was allerdings nur einen Teil von Ableismus darstellt, da nicht jedes herabsetzende und diskriminierende Verhalten gegen behinderte Menschen unbedingt mit körperlicher Gewalt, Hassverbrechen und Aggressionen zu tun hat. Tanja Kollodzieyskis Beschreibung trifft es sehr gut:

> »Es geht darum, wie nicht-behinderte Menschen das Leben von Menschen mit Behinderung bewerten; welche Bilder und Stereotypen sie im Kopf haben, wenn sie an behinderte Menschen denken. Diese Bilder müssen nicht notwendigerweise aktiv

geformt werden, viel eher nehmen diese passiv Gestalt an durch Unwissenheit, subjektive Erfahrungen oder Falschinformationen in den Medien. Gerade diese passiv erzeugten Bilder sind ein großes Problem, weil kaum über sie nachgedacht wird. Die Folge davon ist, dass sie nicht hinterfragt, sondern als Tatsachen betrachtet werden.«[4]

Behinderung wurde als Phänomen schon immer interpretiert und bewertet. Tatsächlich entsteht erst durch gesellschaftliche und kulturelle Bewertung, die Behinderung im Gegensatz zu Nichtbehinderung als die Norm abgrenzt, überhaupt erst der Unterschied zwischen Menschen mit verschiedenen Körpern. Unsere Kultur ist so sehr an Ableismus gewöhnt, dass diese Prozesse für uns, auch behinderte Menschen selbst, unsichtbar bleiben und wir ableistische Strukturen daher oft als ›naturgegeben‹ akzeptieren, weil wir eine andere Welt gar nicht kennen. So sind beispielsweise Treppen ableistisch und gleichzeitig ein Symbol der Macht, das sich historisch durch alle Weltkulturen zieht. Treppenstufen verwehren gehbehinderten Menschen den Zutritt und kennzeichnen, welche Menschen über ihnen stehen und Einfluss haben, wer ein Gebäude betreten kann oder nicht. Nicht umsonst sind daher insbesondere vor politischen Gebäuden und Schlössern Unmengen an Treppenstufen angebracht. Barrierefreies Bauen ist bei der Planungsarbeit von Architekt*innen sowie in deren Studium nach wie vor kein Standard. Genauso wenig ist es die Auseinandersetzung mit dem Universal Design[5] und die Fortbildung in ebendiesem. So wird die Norm ›Treppen bauen und gezielt ausschließen‹ bewusst oder unbewusst fort-

4 Kollodzieyski, Tanja: Ableismus, Berlin 2020, S. 4.

5 Universal Design: Das Centre for Excellence in Universal Design (CEUD) der Vereinigten Staaten definiert dieses als Design und Aufbau der Umwelt unter dem Gesichtspunkt, dass diese für die größte Anzahl an Menschen unabhängig von deren Alter, Körperform oder Behinderung nutzbar und verstehbar ist. Damit muss die Umwelt so aufgebaut sein, dass sie die Bedarfe von allen Menschen erfüllt, welche diese nutzen wollen und stellt ein fundamentales Merkmal von gutem Design dar. Das betrifft Gebäude, Produkte und Dienstleistungen.

gesetzt. Der Architekt und Berater für Barrierefreiheit Martin Schienbein leistet hier als Verbündeter wichtige Pionierarbeit in Deutschland. Auch der Normgesellschaft der Nichtbehinderten fällt nicht auf, wie ausschließend Treppen sind, vielmehr sind sie sogar noch ein Fitness-Tipp. Wer den Aufzug nutzt, gilt als faul. Diese Annahme diskriminiert zusätzlich noch Menschen mit einer unsichtbaren Gehbehinderung z.B. durch einen Herzfehler, Gelenkverschleiß oder das Fatigue-Syndrom[6]. Nichtbehinderte fordern von Menschen mit einer unsichtbaren Behinderung oftmals zu beweisen, dass sie überhaupt eine Behinderung haben, und ignorieren ihre Bedarfe.

Da die Lebenswelt aller behinderten Menschen durch ihre verschiedenen Behinderungen unterschiedlich ist, und ich nur die Lebenswelt einer Kleinwüchsigen und Gehbehinderten kenne, ist mir bewusst, dass ich mich gegenüber behinderten Menschen mit anderen Lebenswelten möglicherweise ebenso ableistisch verhalte. Der US-amerikanische Wissenschaftler für Kommunikation und Sprache Tom L. Humphries beschrieb in einem unveröffentlichten Artikel den Begriff ›Audismus‹ als einen Weg, den spezifischen Ableismus gegen taube Menschen zu beschreiben. Nach Humphries zeigt sich Audismus

> »…in der Form, wie Menschen ständig die Intelligenz und den Erfolg tauber Menschen auf Basis der Sprache der hörenden Kultur beurteilen.«[7]

---

6 Fatigue: Der Begriff kommt aus dem Lateinischen und bedeutet Ermüdung. Die Deutsche Fatigue Gesellschaft definiert Fatigue als eine Erschöpfung, die nicht in einem direkten Zusammenhang mit einer vorhergehenden körperlichen oder geistigen Anstrengung oder Belastung steht. Bemerkbar macht sich die Ermüdung meist nicht nur körperlich, sondern auch seelisch und geistig. Für Fatigue ist typisch, dass sich das Gefühl der Ermüdung durch Ruhephasen nicht wesentlich bessert. Die Symptome der Fatigue treten beispielsweise bei Krebserkrankungen, Multipler Sklerose, Rheuma, Parkinson, Long Covid oder Myalgische Enzephalomyelitis auf. vgl. Deutsche Fatigue Gesellschaft https://deutsche-fatigue-gesellschaft.de/fatigue/was-ist-fatigue/ (vgl. 16.08.2022)

7 L. Bauman, H-Dirksen: audism. https://www.britannica.com/topic/audism (31.03.2022).

Ich selbst spreche nicht die Deutsche Gebärdensprache (DGS), habe mir aber in Gesprächen und Interviews mit gehörlosen Menschen einige Erfahrungen angehört, die ich in meiner Arbeit weitergebe. Hörenden Menschen ist meist nicht klar, dass Lautsprachen und Gebärdensprachen jeweils eine eigene Grammatik und einen eigenen Wortschatz besitzen. Somit ist die Schriftsprache für taube Menschen ebenso eine Fremdsprache wie für Hörende bspw. Englisch. Dementsprechend müssen sich taube Menschen dieses Sprachprinzip wie eine Fremdsprache aneignen. In den 1990er-Jahren wurde das Konzept von Audismus in der Arbeit *Mask of Benevolence: Disabling the Deaf Community (1992)* des US-amerikanischen Psychologen und Sprachforschers Harlan L. Lane als ein Prinzip der Dominanz der Hörenden gegenüber der Gehörlosen-Community beschrieben. Es entstand die Idee des institutionellen Audismus, welcher die Fähigkeit zu hören bevorzugt. Entgegen der Vorstellungen hörender Menschen, lernen taube Kinder an Gehörlosenschulen nicht die Deutsche Gebärdensprache (DGS), sondern werden gezwungen, die Lautsprache zu erlernen. Viele Lehrkräfte sprechen nicht einmal DGS, wie mir mehrfach taube Menschen in Interviews erzählten. Taube Menschen zu zwingen, die Lautsprache zu lernen, ist Gewalt und beraubt sie ihrer eigenen Sprachkultur und Identität.

Nicht normal? – Ableismus macht behinderte Menschen zu den ›Anderen‹

›Die Norm‹ und die ›Anderen‹ gehören zum Standardrepertoire der Forschung in der Soziologie, welche laut Duden als Wissenschaft die »Lehre vom Zusammenleben der Menschen in einer Gemeinschaft oder Gesellschaft, von den Erscheinungsformen, Entwicklungen und Gesetzmäßigkeiten gesellschaftlichen Lebens« abbildet. Der Soziologe Erving Goffman legte mit seinem Werk *Stigma – Über Techniken der Bewältigung beschädigter Identität* im Jahr 1963 soziologische Grundzüge und Beobachtungen über den Umgang der ›Normalen‹ mit den ›Anderen‹, den Menschen mit Behinderung, dar. Allerdings nutzt Goffman selbst auch ableistische Wörter wie ›Handicap‹[8], und nimmt gesellschaftliche Veränderungsprozesse, die nötig sind, um die Normen zu verändern, ebenso nicht in den Blick. Was normal ist und was nicht, ist ein Mittel, um Fremde einordnen zu können und sich selbst von diesen abzugrenzen. Welche Person habe ich vor mir? Was kann ich erwarten und was nicht? Sind die Anderen für mich Freund*innen oder gar eine Bedrohung? Die Erwartungen an Verhalten und Charaktereigenschaften von Menschen zeigen sich im Umgang miteinander. Normen prägen Systeme von geschlossenen Überzeugungen wie beispielsweise den Kapitalismus, Religionen, politische Systeme oder insbesondere auch bei behinderten Menschen die Wohlfahrt und

8 Handicap: Wurde fälschlicherweise oft in Bezug auf Obdachlose und Bettler*innen, die am Stadtrand sitzend ihre Mütze aufhalten und nach Geld fragen, verwendet. Diese Begründung ist allerdings falsch. Die erste Erwähnung von ›Hand in Cap‹ findet man im Jahr 1653, wo mit Hand-in-cap ein Lotterie-Spiel mit zwei Spieler*innen und einem Schiedsrichter beschrieben wird. Bei dem Spiel tauschen beide Spielenden Gegenstände, deren Wertigkeit die Schiedsrichter*innen vorher bewerten. Die Spieler*innen müssen eine Hand in eine Kappe stecken und gleichzeitig entweder als Faust oder geöffnete Hand herausziehen. Eine geöffnete Hand bedeutet eine Zustimmung zum Tauschhandel und eine Faust die Ablehnung des Tauschgeschäfts. Das »Hand in die Kappe stecken« ist die Grundlage des Namens »Hand-in-Cap«, später verkürzt auf Hand i'Cap.
Ab 1915 wurde Handicap zum ersten Mal für Kinder mit einer körperlichen Behinderung verwendet, die als handicapped bezeichnet wurden. In den 1950er-Jahren wurde der Begriff auch auf Erwachsene und Menschen mit Lernschwierigkeiten übertragen.
Handicap beschreibt Behinderung aus einer defizitorientierten Sicht, da ein behinderter Mensch durch die Umwelt behindert wird und nicht nur behindert ist. Bei Handicap steht, wie beim Lotterie-Spiel, der Vergleich im Vordergrund, hier werden nichtbehinderte Menschen bevorzugt, während behinderte Menschen als die vermeintlich Schwächeren angesehen werden. vgl. Karpa, Jonas https://leidmedien.de/aktuelles/warum-handicap-das-falsche-wort-fuer-behinderung-ist/ (24.07.2022)

die Medizin. Entspricht eine Person in hohem Maße nicht der Norm, wird sie ausgeschlossen.

Das ableistische Glaubenssystem erklärt den nichtbehinderten Körper zur ›Norm‹, an der Spitze der ideologischen Hierarchie. Alle anderen Körper sind die unterdrückten ›Anderen‹ und, je nachdem wie stark sie von der Norm abweichen, weniger menschlich. Die ›idealisierte Norm‹ definiert also, was menschlich und erstrebenswert ist. Alle anderen Körper sind ›behindert‹. Behinderten Menschen fehlt nach dieser Definition etwas, das sie laut den ›normalen Nichtbehinderten‹ haben sollten. Daher wird Behinderung in der Soziologie als ›soziale Konstruktion‹ beschrieben. Das Konzept Behinderung schafft Realität, indem es Menschen die von einer Mehrheit geteilten Ideen und Werte zuschreibt: weniger leistungsfähig zu sein, einen minderwertigen Körper zu haben und bestimmte körperliche und intellektuelle Fähigkeiten (nicht) zu haben. Mittels dieser Norm werden Machtverhältnisse und Hierarchien aufgebaut und gefestigt. ›Nichtbehinderte‹ (die Norm), haben Macht und Privilegien über die Menschen an den ›Rändern‹, die ›Behinderten‹.

Da diese Machtverhältnisse nicht naturgegeben sind, sondern künstlich geschaffen wurden, können sie sich je nach Kultur und Zeitraum ändern, weiterentwickeln und auch verschlechtern. Beispielsweise bin ich selbst kleinwüchsig und gehbehindert, trage aber ebenso eine Brille. Meine Kurzsichtigkeit wird aber nicht als Sehbehinderung bewertet, ebenso wenig meine Brille als Hilfsmittel. Im Gegenteil. Viele Menschen tragen Brillen sogar als Lifestyle. Ganz anders sieht es mit meinem Dreirad aus, das ich als Hilfsmittel nutze. Das markiert mich als behinderten Menschen unter Nichtbehinderten. Wer, wie behinderte Menschen, nicht der Norm entspricht, wird auch nicht, bis auf wenige Ausnahmen, in der Öffentlichkeit und in den Medien repräsentiert. Behinderte Menschen finden öffentlich nicht statt und werden dadurch ganz offensichtlich an den Rand gedrängt:

> »Egal ob in den Nachrichten, der Politik oder auf Veranstaltungen: Menschen mit Behinderungen werden selten gezeigt und gleichzeitig so gut wie nie angesprochen, egal ob als Leser*innen, Kund*innen oder Wähler*innen.«[9]

Egal ob in meiner Schulzeit oder an der Universität – ich war meist die einzige Person mit einer sichtbaren Behinderung. Als Journalistin kenne ich kaum andere Journalist*innen mit Behinderung und bekomme für meine Belange von Berufsverbänden wenig bis gar keine Aufmerksamkeit, auch nicht in der Diversity-Abteilung. Sophia Behrend beschreibt im Online-Magazin *Die Neue Norm* über Behinderung im Diversity-Management von Unternehmen, dass im Diversitätsbarometer 2020, einer Studie der Wirtschaftsgesellschaft Warth & Klein Grant Thornton, der Fachhochschule Wedel und der Leuphana Universität Lüneburg, gar nicht erwähnt wird, dass unter den Vorständen der 30 größten DAX-Unternehmen neben Frauen, jungen Menschen und Menschen mit Migrationsgeschichte auch keine behinderten Menschen sind. »Das ist ein Problem. Wenn die Dimension Behinderung gar nicht erhoben wird, wird damit suggeriert, dass ›Behinderung‹ als Ungleichheitsdimension irrelevant ist«[10], kritisiert Behrend. Somit sind behinderte Menschen noch nicht einmal in der ›Norm‹ von Diversitätsdebatten angekommen und das hat weitere Folgen, da es keine einheitlichen Kriterien gibt, wann ein Unternehmen überhaupt divers aufgestellt ist. Offizielle repräsentative Daten zur Teilhabe behinderter Menschen auf dem ersten Arbeitsmarkt gibt es ebenfalls nicht. Der erste Arbeitsmarkt ist der ›reguläre Arbeitsmarkt‹. Das bedeutet, die Arbeits- und Beschäftigungsverhältnisse kommen dort ohne staatliche Zuschüsse und eine aktive Arbeitsmarktpolitik zustande. Außerdem kommen Arbeitnehmer*innen ohne staatliche Zuschüsse aus, das Einkommen reicht in der Regel für die Sicherung des Lebensunterhalts aus. Der zweite Arbeitsmarkt,

9 Kollodzieyski, Tanja: Ableismus, Berlin 2020, S. 5.

10 Behrend, Sophia https://dieneuenorm.de/arbeit/diversitat-behinderung-unternehmen/ (31.03.2022).

wozu auch Werkstätten für behinderte Menschen (WfbM) gehören, wird hingegen durch die Arbeitsmarktpolitik mit staatlichen Zuschüssen und anderen Maßnahmen gefördert. Ziel des zweiten Arbeitsmarkts ist es, Menschen, die Schwierigkeiten haben, im ersten Arbeitsmarkt eine Anstellung zu finden, zu reintegrieren. Hier werden WfbMs stark kritisiert, da weniger als ein Prozent der behinderten Menschen, die dort arbeiten, in den ersten Arbeitsmarkt wechseln.[11] Es ist auch nicht erfasst, ob behinderte Menschen im Arbeitsmarkt überhaupt Tätigkeiten entsprechend ihrer Fähigkeiten ausüben, daher gibt es auch keinen Ansatzpunkt, wo genau konkreter Nachholbedarf herrscht.

Historische Hintergründe über Behinderung

Was Behinderung und Norm bedeuten, ist historisch und kulturell gewachsen. Während sich in den 1970ern die internationale Behindertenbewegung formierte, suchten Wissenschaftler*innen, die selbst eine Behinderung hatten, nach Wegen, ihre Lebenserfahrungen auch in ihrer wissenschaftlichen Arbeit zu reflektieren und Strukturen herauszuarbeiten. Die Soziologen Michael Oliver und Irving Kenneth Zola aus Großbritannien und den Vereinigten Staaten begründeten daher die Disability Studies – ein Kind der internationalen Behindertenrechtsbewegung, das insbesondere vom anglophonen Raum stark geprägt wurde. Im Gegensatz zur Medizin, Sonderpädagogik und Rehabilitation betrachteten sie ihre Behinderung nicht als etwas, das durch Diagnosen und quasi eigene ›Defizite‹ hervorgebracht wird, sondern durch den sozialen Rahmen. Wie Goffman sehen sie Behinderung als etwas, das durch Alltagshandlungen und soziale Praktiken, aber auch fehlende Repräsentation und Identität in der Dominanzgesellschaft hergestellt wird.

Die Disability Studies erforschen die gesellschaftlichen Mechanismen der Ausgrenzung und Diskriminierung, die behin-

11 Behrend, Sophia Behrend, https://dieneuenorm.de/arbeit/werkstaetten-allgemeiner-arbeitsmarkt/ (19.07.2022).

derte Menschen als eine Randgruppe der Gesellschaft überhaupt erst haben entstehen lassen. Ihre Absicht ist gesellschaftsverändernd. In der Dominanzgesellschaft geht der vorherrschende Blick, Menschen mit Behinderung als eingeschränkt, schwach und unfähig zu betrachten, auf die Medizin, Rehabilitation und Sonderpädagogik zurück. Das reduziert Behinderung auf ein individuelles Defizit, statt dass Nichtbehinderte sich die Frage stellen: Was ist eigentlich eine Behinderung? Woran machen wir als Gesellschaft fest, wer als behindert gilt und wer nicht? Welche Rolle spielt der Körper? Anne Waldschmidt, Forscherin der Deutschen Disability Studies und Disability History, beschreibt Behinderung weniger als eindeutige Kategorie, sondern vielmehr als einen sehr komplexen Oberbegriff. Bin ich als kleinwüchsige und gehbehinderte Frau, die auch kurzsichtig ist, dann mehrfach behindert oder zählt meine Brille nicht? Diese Frage stelle ich immer meinen Workshopteilnehmer*innen, viele von ihnen tragen selbst eine Brille. Die Antwort lautet: Im 21. Jahrhundert in Deutschland wohl eher nicht. Doch noch vor wenigen Jahrzehnten wurden Kinder mit Sehhilfe in der Schule als ›Brillenschlange‹ gemobbt.

Die Disability Studies sind also keine Wissenschaft über behinderte Menschen, sondern sie untersuchen, was die Dominanzgesellschaft der Nichtbehinderten eigentlich bedeutet – sie sind also vielmehr Studien über oder zu (Nicht-)Behinderung. Der vorherrschende Blick der anderen Wissenschaften, die Behinderung ebenfalls erforschen, betrachtet Behinderung zu eindimensional. Menschen erhalten beispielsweise nur eine Rehabilitation oder werden in die sogenannte Sonderpädagogik aufgenommen, wenn sie auffällig sind oder sogenannte Störungen zeigen. Diese Gruppenidentität, welche damit geschaffen wird, ist gekennzeichnet durch Nachteilsausgleiche und Vergünstigungen auf der einen Seite, aber auf der anderen Seite geprägt durch Exklusion und Benachteiligung, welche Nachteilsausgleiche und Vergünstigungen überhaupt erst hervorbringen. Die Disability Studies kritisieren damit Behinderung als etwas

Individuelles, Schicksalhaftes und als persönliches Leid, das mithilfe von Medizin und Therapien behandelt werden muss oder einer sogenannten sonderpädagogischen Förderung bedarf. ›Expert*innen‹ – statt behinderter Menschen selbst – haben die volle Deutungshoheit. Betroffene verweist die Dominanzgesellschaft auf Sozialleistungen. Deren Verteilung ist an soziale Kontrolle und Disziplinierung gekoppelt.

Spätestens die Covid-19-Pandemie hat nichtbehinderten und nicht-chronisch kranken Menschen gezeigt, wie verletzlich der menschliche Körper ist. Mit den Spätfolgen von Covid-19, dem sogenanntem ›Long Covid‹, ist eine internationale Debatte entbrannt, ob damit eine chronische Erkrankung und auch eine neue Behinderung entstanden ist. Die rechtliche Anerkennung als behinderter Mensch ist für Betroffene wichtig, um an Hilfsmittel und Assistenz zu gelangen. Gleichzeitig findet langsam ein Identifizierungsprozess unter Menschen mit Long Covid statt, sich der Community behinderter Menschen zugehörig zu fühlen.[12] Behinderte Menschen sind keine gesellschaftliche Ausnahme, sie müssen nicht geheilt werden, um ›normal‹ zu sein, sondern sie sind tatsächlich ›normal‹ und sollten gesellschaftlich als eine Form des Lebens akzeptiert werden. Wie ich bereits mit dem Beispiel von mir als Brillenträgerin verdeutlicht habe, wird eine Behinderung einem Menschen aus gesellschaftspolitischen und kulturellen Gründen zugeschrieben oder eben auch nicht. ›Behinderung‹ als Abgrenzungskategorie wird von der nichtbehinderten Dominanzgesellschaft offenbar benötigt, um kulturell vorgegebene Vorstellungen des Körpers und dessen Funktionsfähigkeit aufrechtzuerhalten. Damit ›Normalität‹ entstehen kann, braucht es eine Abgrenzung von allem, das als nicht ›normal‹ gilt. Daher müssen alle Gesellschaftsebenen in den Blick genommen werden, die über den Umgang mit der Identität ›Behindertsein‹ und den Umgang in sozialen Situationen hinausgehen. Ebenso wichtig sind Machtspiele in und durch Organisationen wie bei-

12 Vgl. Stead Sellers, Frances, https://www.washingtonpost.com/health/2022/06/06/long-covid-disability-advocacy/ (20.07.2022).

spielsweise die Wohlfahrt, oder die Kraft, Wirklichkeit durch Wissensapparate wie die Forschung selbst herzustellen.

Eine Grundfrage der Disability Studies ist: Wie und warum wird historisch, sozial und kulturell eine Randgruppe wie die der ›Menschen mit Behinderung‹ überhaupt hergestellt? Hier kommt die Disability History ins Spiel. Die Disability History hat das grundlegende Interesse zu untersuchen, wie die Differenzierungskategorie ›Behinderung‹ jeweils im historischen Kontext gebildet wird und auf welche Weise dieser Menschen zugeordnet werden. Ohne ›die Behinderten‹ gäbe es auch nicht die nichtbehinderten ›Normalen‹. Ohne Differenzierung müssten beide Konzepte auch nicht erklärt werden. Der historische Vergleich zeigt, dass ›Nicht-Behinderung‹ keine allgemeingültige kulturelle Kategorie und soziale Praxis darstellt. Je nach Kulturkreis und Jahrhundert waren die Sicht- und Reaktionsweisen auf ›behinderte Menschen‹ vielfältig. Während Kleinwuchs im 21. Jahrhundert als Behinderung wahrgenommen wird, wurden im Alten Ägypten auch Gottheiten mit kleinwüchsigen Körpern verehrt, was die sehr hohe gesellschaftliche Stellung Kleinwüchsiger verdeutlicht. Im Alten Rom und Alten Griechenland waren Kleinwüchsige dagegen, ebenso wie im Mittelalter Europas, ausschließlich ›Hofzwerge‹ und eine Lachnummer.[13] Daher hat die Geschichtsschreibung in den Disability Studies von Beginn an eine große Bedeutung gehabt, auch in Bezug auf die Forschung, wie Ableismus entsteht und aussieht.

In der deutschen Geschichte zeigt sich die Forschung um die gewaltvollste Epoche von Ableismus insbesondere in der Eugenik, damals auch als ›Rassenhygiene[14]‹ bezeichnet, und

13 vgl. David, Rosalie: Egyptian medicine and disabilities. From pharaonic to Greco-Roman Egypt. In: Laes, Christian (Hg.): Disability in Antiquity. 1. Auflage. New York: Routledge. S. 75–89.

14 Es wurde zwar behauptet, aber es gibt keine menschlichen Rassen. In den eugenischen Einwanderungsprogrammen waren Ableismus und Rassismus stark miteinander verknüpft. Migrant*innen aus bestimmten Teilen der Welt wurde nachgesagt, schwächer, kränker und genetisch minderwertig zu sein. Das ist ebenso Ableismus.

den Menschenexperimenten mit behinderten Menschen während des Nationalsozialismus. Das Gleiche gilt auch noch in der Nachkriegszeit, in der gewaltvollen Humangenetik, für Fragen rund um Schwangerschaftsabbruch von Föten mit Behinderung sowie die reproduktiven Rechte behinderter Frauen in Bezug auf Zwangssterilisation und Elternschaftsrechten. Behindertenrechtsaktivist*innen und der deutsche Journalist und Verbündete behinderter Menschen, Ernst Klee, durchforsteten Archive oder ließen sich unter der Hand Dokumente geben, um auf die Fragen zwischen den Zusammenhängen des Nationalsozialismus und dem Umgang der Nachkriegsgesellschaft mit behinderten Menschen Antworten zu finden. Zu dieser Zeit hat die klassische Geschichtswissenschaft Fragen rund um die NS-Behinderten- und Krankenmorde mehr oder weniger ignoriert. Ernst Klees Werke zu den NS-Behinderten- und den Krankenmorden gelten heute noch als Standardwerke in der klassischen Geschichtswissenschaft. Als Geschichtsstudentin stelle ich auch heute noch fest, wie wenig Raum die Erinnerungskultur in Deutschland für die Verfolgung und Ermordung behinderter Menschen während der NS-Zeit findet und gar Teile der nationalsozialistischen Ideologie durch die Verwendung von Begriffen wie ›Euthanasie‹ reproduziert werden. Im Studium der Geschichtswissenschaft findet dieses Thema nach wie vor kaum Aufmerksamkeit, auch wenn es bereits zahlreiche wissenschaftliche Arbeiten dazu gibt. Auf diese muss man jedoch eigenständig stoßen, da diese in geschichtswissenschaftlichen Lehrveranstaltungen keine große Aufmerksamkeit bekommen. Während meiner Schulzeit sah das bayerische Curriculum für den Geschichtsunterricht lediglich zwei Schulstunden für die Morde an behinderten Menschen während der NS-Zeit sowie die Bedeutung des Begriffs ›Euthanasie‹ vor : eine in der neunten, die andere in der elften Klasse. Im aktuellen Lehrplan werden die NS-Behinderten- und Krankenmorde nicht einmal erwähnt, sondern als ›sonstige Opfergruppe‹ eingeordnet. Wie sich das für behinderte Menschen bis heute anfühlt, wird dabei nicht hinterfragt. So erleben behinderte Menschen Ableismus real im Geschichtsunterricht – ohne Triggerwarnung, ohne jegliche Aufarbeitung, ohne Angebot für nichtbehinderte Mitschüler*innen, wie sie vor Menschen mit Behinderung, wie mir, über das Thema sprechen sollen. Ohne einen reflektierten Blick, wie ›Behinderung‹ als gesellschaftliche und soziale Kategorie entsteht, können wir auch nicht darüber sprechen, wie Gewalt an behinderten Menschen durch Ableismus ausgeübt wird. So wandle auch ich heute noch auf der gleichen Spur wie Behindertenrechtsaktivist*innen der ersten Stunde. Sie gingen auf die Suche nach der eigenen verschwiegenen Geschichte, weil es die Vergangenheit braucht, um die Gegenwart zu verstehen.

Disability History betreibt dennoch keine Geschichte vom Umgang mit behinderten Menschen in der Vergangenheit. Vergleichbar mit der Geschlechtergeschichte, die aufschlüsselt wie Bilder von Weiblichkeit, Männlichkeit und Gender historisch zustande gekommen sind, stellt Disability History die Fragen, welche Deutungsweisen es in der Vergangenheit gab, wie Behinderung in historischen Gesellschaften thematisiert wurde und welche gesellschaftlichen Wechselwirkungen es gab. Ebenso wie die Disability Studies, dessen Kind sie ist, steht die soziale Konstruktion von Behinderung im Vordergrund. Sie stellt Behinderung in den Mittelpunkt von Analysen und Narrativen, will ähnlich wie die Geschlechtergeschichte neue Geschichten von Behinderung schreiben. Geforscht wird aus der Perspektive von ›Behinderung‹ über die Gesellschaft und die ›Normalität‹. Im deutschsprachigen Raum ist die Disability History noch nicht sehr etabliert, weshalb auch ich mir all mein Wissen in meinem Geschichtsstudium selbst erarbeite und gar eigene Forschung betreibe, um Antworten auf meine Fragen zu finden. Behinderte Menschen und ihre Weltgeschichte bleiben bisher überwiegend unsichtbar. Sie sind das Forschungsfeld der Zukunft in der Geschichtswissenschaft, was eigentlich auch die Normgesellschaft spätestens seit der Covid-19-Pandemie interessieren sollte, da es diese (Nicht-)Behinderungsprozesse der

Gegenwart ebenso eindrücklich beschreibt wie die Faktoren der Vergangenheit, die auf diese Prozesse einwirken. Auch diese gesellschaftlichen Debatten bleiben größtenteils unsichtbar. Erst durch eine Veränderung der Bewertung von behinderten Menschen käme es auch zu einer Wahrnehmungsveränderung. Dazu müssen historische Deutungsprozesse von ›Behinderung‹ und ›Nicht-Behinderung‹ zunächst rekonstruiert werden, um die tiefe kulturelle Verstrickung ansatzweise zu erkennen. Diese beginnt schon in unserer Kindheit durch Märchen. Das Gute wird immer als aufrecht, gerade und schön abgebildet, während das Böse bucklig, verkrümmt und entstellt verkörpert wird. Ganz plakativ trifft dies zum Beispiel auf ›böse Hexen‹ in Märchen zu.

Gleichzeitig braucht es einen gesellschaftlichen und auch wissenschaftlichen Blick dafür, wer sich mit der Kategorie Behinderung überhaupt identifizieren will, aus welchen Gründen Abgrenzungsprozesse stattfinden,, und wer die Identifizierung veranlasst. Taube Menschen, die sich zu der Deaf Community zugehörig fühlen, sehen in Deafness (Gehörlosigkeit) keine Behinderung, wie es der Begriff Deafness vielleicht nahelegt. Vielmehr sehen sie sich als eine eigene Gruppe mit einer eigenen Sprache, Kultur und Geschichte – der Deaf History[15]. Hier stellt sich die Frage, wer sich zur Disability History zugehörig fühlt und von dieser repräsentiert werden kann und was ›Behinderung‹ eigentlich ausmacht.

Die Macht und Kultur hinter Sprache

Wissen ist Macht und Wissen wird durch Worte vermittelt. In unserer Wortwahl steckt demzufolge genauso viel Kultur und historische Prägung. Dies wurde bereits durch die unbedarfte Nutzung von Worten wie ›Euthanasie‹ verdeutlicht. Das Gleiche passiert mit Worten wie ›dumm‹, ›Idiot*in‹,

15 Deaf History ist Englisch und bedeutet übersetzt die Geschichte der Gehörlosen

›verrückt‹ oder ›blöd‹. All diese Worte verwendeten die Nationalsozialist*innen, um Menschen mit kognitiven Behinderungen und psychisch kranke Menschen als sogenanntes ›lebensunwertes Leben‹ zu entmenschlichen und letztendlich gezielt zu ermorden. In der Dominanzgesellschaft werden kognitive Beeinträchtigungen vermehrt noch als ›geistig behindert‹ bezeichnet – aktuell läuft darüber eine Debatte, ob diese Bezeichnung ableistisch ist. Aus Worten wird eine Gesinnung und aus Gesinnung eine Realität. Worte schaffen demnach Realität und können gesellschaftliche Deutungsmuster über marginalisierte[16] Menschen, wozu behinderte Menschen gehören, im positiven wie negativen Sinn verschieben. Daher setze ich in diesem Buch einen starken Schwerpunkt darauf, wie sich Alltagsableismus durch Sprache zeigt. Ein Teil der Disability Studies konzentriert sich auf die Forschung der Folgen von Ableismus, worauf ich im dritten Teil noch näher eingehe. Die Forschung, wie Ableismus entsteht, ist in den Disability Studies noch nicht weit gekommen. Worte, Sprache und Phrasen konstruieren politische Identitäten, Hierarchien und Macht. Der Kommunikationsforscher James J. Cherney arbeitet ein sogenanntes ›rhetorisches Modell der Behinderung‹ aus und beschreibt in seinem Buch *Ableist Rhetoric – How We Know, Value and See Disability* die Rolle von ableistischer Sprache:

> »Bei der Untersuchung ableistischer Rhetorik im Detail, lege ich den Hinweis fest, dass dessen zentrale Ideen sich so extensiv in der gesamten westlichen Kultur ausgebreitet haben, dass es sich in Kontexten weit entfernt von Behinderung auswirkt, was zu erklären hilft, warum Ableismus so mächtig und ihm so schwierig zu begegnen ist.«[17]

16 Marginalisiert ist ein andere Bezeichnung für benachteiligt. Marginalisieren bedeutet das Verdrängen von Personen und Bevölkerungsgruppen an den Rand der Gesellschaft.

17 Cherney, James L. University Park 2019: Ableist Rhetoric. How we Know, Value and See Disability, S. 3.

Ableistische Sprache durchzieht auch progressive Kreise; man denke nur an vermeintlich progressive Phrasen wie ›auf dem rechten Auge blind sein‹ oder ›Covididiot*innen‹, wissenschaftliche Ausdrücke wie ›blinder Fleck‹ oder flapsige Entgegnungen wie ›Ich bin doch nicht blind‹ oder ›Ich bin doch nicht taub‹. Alleine das wirft schon Fragen auf: Was macht eine ableistische Kultur aus? Woher kommt der Ableismus in der zeitgenössischen Kultur, der sogar vermeintlich progressive Umfelder durchsetzt hat? Was ist überhaupt eine ableistische Kultur? Damit ableistisches Denken wirksam wird, müssen die Ausdrücke und Annahmen erst einmal von einem großen Teil der Gesellschaft akzeptiert werden, dazu gehören auch progressive Kreise und sogar behinderte Menschen selbst. Auch sie wachsen alle mit ableistischen Denkmustern auf, wovor auch die Sprache nicht Halt macht. Oder um mit den Worten des Kommunikationswissenschaftlers Cherney zu sprechen: Sprache ist ein Mittel, um den zeitgenössischen Ableismus in alle Kreise der Gesellschaft zu transportieren. Was die nichtbehinderte Dominanzgesellschaft nicht fragt, ist: Was denken behinderte Menschen über sich selbst? Wie beschreiben sie ihre Lebenswelt selbst? In der Regel haben Nichtbehinderte die Deutungshoheit über die Sprache behinderter Menschen und das hat Folgen. In Deutschland und international gibt es keine verbindliche Definition von Behinderung. Juristisch gilt in Deutschland jemand als ›behindert‹, wenn eine dauerhafte Abweichung der Norm durch eine individuelle ›Schädigung‹ die Teilhabe einschränkt. Der Behinderungsgrad wird durch medizinische Diagnosen bewertet und zugeteilt, er bewirkt durch Zuschreibungen, wie Menschen mit Behinderungen sich verhalten oder welche Fähigkeiten sie haben und vor allem nicht haben dürfen, um rechtlich als behinderter Mensch überhaupt anerkennt zu werden. Auch je nach Wissenschaft wird Behinderung verschieden definiert und beschrieben. In diesem Buch stütze ich mich vor allem auf aktivistische, soziologische und historische Szenarien zu Ableismus und Sprache.

#SayTheWord[18] ist eine Kampagne des US-amerikanischen Behindertenrechtsaktivisten Lawrence Carter-Long, um Aufmerksamkeit bei Nichtbehinderten für die Selbstbezeichnung ›Behinderung‹ zu schaffen.[19] Allzu oft nutzen insbesondere Nichtbehinderte Wortneuschöpfungen und Euphemismen[20] wie ›Menschen mit Assistenzbedarf‹, ›Handicap‹, ›verschieden begabt‹, ›anders begabt‹ oder ›besondere Bedürfnisse‹ anstatt die Selbstbezeichnungen ›Behinderung‹ und ›behindert‹, um Menschen mit Behinderung zu beschreiben. Auch ich erlebte mehrfach, dass Nichtbehinderte gar mir als Expertin erklären wollten, wie ich mich selbst bezeichnen solle, weil sie selbst doch mit behinderten Menschen arbeiten würden, etwas dazu gelesen hätten oder angeblich meine Selbstbezeichnungen wissenschaftlich falsch wären. Da wir von Disability Studies und Disability History sprechen, ist es mir ein Rätsel, wie Forschende, die sich als Expert*innen für Behinderung bezeichnen, auf die Idee kommen, mir die Selbstbezeichnung abzusprechen. Hier zeichnet sich ein klares Machtverhältnis um Deutungshoheit von Nichtbehinderten gegenüber behinderten Menschen in Form von Sprache und bei der Entwicklung von Identität ab. Vor dem Begriff ›Behinderung‹ gab es eine Vielzahl anderer Begriffe, in der Regel ausschließlich von Nichtbehinderten geprägt, die behinderte Menschen beschrieben haben, beispielsweise ›Idiot*in‹[21] oder

18 #SayTheWord ist Englisch und bedeutet übersetzt #SagDasWort.
19 vgl. Forber-Pratt, Anjali https://www.publichealthpost.org/research/say-the-word/ (31.03.2022).
20 Euphemismus laut Duden: »[m]it einem Euphemismus wird etwas, was eine möglicherweise anstößige oder unangenehm wirkende Bezeichnung hat, beschönigt, verhüllt oder sprachlich gemildert«.
21 Idiot*in: War früher eine Bezeichnung für Laien und Ungelehrte. Ab dem 19. Jahrhundert erhielt der Begriff seine heutige negative Zuschreibung für Menschen mit kognitiven Behinderungen. Die sogenannte ›Idiotie‹ wurde nicht als angeboren, sondern als Ergebnis einer fehlgeleiteten Entwicklung der sozialen Umstände angesehen. Die Kinder wurden als umerziehungsfähig betrachtet. Erwachsene Menschen wurden der Psychiatrie überlassen. Menschen mit Lernschwierigkeiten wurden mit dem Grad der Intelligenzminderung erfasst. Die ›Idiotie‹ wurde als schwerste Form, die ›Imbezillität‹ als mittlere, und die

›Krüppel‹[22], die heute ganz klar als ableistisch anzusehen sind. Beide Worte sollen daher nicht mehr verwendet werden. Ersteres wird in der Dominanzgesellschaft und sogar von behinderten Menschen selbst verwendet – zwar nicht mehr zur Beschreibung von Menschen mit kognitiven Behinderungen, aber um einen vermeintlich ›weniger intelligenten‹, unvernünftigen oder ›schlechten‹ Menschen zu beschreiben. Im Grunde sind dies Charaktereigenschaften, die Nichtbehinderte in der Vergangenheit wie Gegenwart behinderten Menschenzuschreiben. Der ableistische Kern des Wortes mag im ersten Moment nicht gleich auffallen, hat sich aber nie verändert. Das zeigt, wie stark Ableismus in der Gesellschaft verankert ist. So stark, dass er bei Alltagsbeschimpfungen oft nicht einmal behinderten Menschen selbst auffällt. Auch mit dem zweiten Wort, auch als K-Wort bezeichnet,

---

›Debilität‹ als schwächste kategorisiert. Diese Kategorisierungen übernahmen die Nationalsozialist*innen und sie dienten als Grundlage für die Ermordung von Menschen mit Lernschwierigkeiten unter ebendiesen ›Diagnosen‹. (vgl. Egen, Christoph: Was ist Behinderung. Abwertung und Ausgrenzung von Menschen mit Funktionseinschränkungen vom Mittelalter bis zur Postmoderne, Bielefeld 2020, S. 49–51.)

22 Krüppel: Entstand im Mittelalter als Begriff, um Menschen mit vermeintlichem Gebrechen zu charakterisieren, verwies i.d.R. auf Armut, Not und Elend. Das hatte bereits im 19. Jahrhundert eine abwertende Bedeutung, wurde aber benutzt, da öffentliche Vertretungen des Fürsorgewesens davon überzeugt waren, dass das ›Elend‹ der betroffenen Menschen nicht nur im Körperlichen, sondern auch im Seelischen bestand und auch dort behoben werden musste. Nach dem Ersten Weltkrieg wurden die sogenannten ›Krüppel‹ in Gesetzen zur Beschäftigung und Fürsorge in drei verschiedene sprachliche Bezeichnungen eingeteilt, um auf diese Weise, im Geiste der immer mehr verbreiteten eugenischen Bewegungen, die medizinisch-therapeutischen und finanziellen Leistungen des Staates einzuteilen. Daher bemühte sich die Selbstvertretung körperbehinderter Menschen, der ›Bund zur Förderung der Selbsthilfe der körperlich Behinderten‹, sich von dem Begriff ›Krüppel‹ und dem damit verbundenen Stigma der Minderwertigkeit abzugrenzen, um nicht weiter in den Fokus der eugenischen Debatten zu gelangen. (vgl. Egen, Christoph: Was ist Behinderung. Abwertung und Ausgrenzung von Menschen mit Funktionseinschränkungen vom Mittelalter bis zur Postmoderne, Bielefeld 2020, S. 44–47.)

schreibt die Dominanzgesellschaft behinderten Menschen Eigenschaften wie Armut, Not und Elend zu und verwendet es noch heute als Schimpfwort. Wegen dieser Bedeutungszuschreibung wurde schon vor langer Zeit ein neuer Begriff geprägt, nämlich ›körperliche Behinderung‹.

Christoph Egen beschreibt in *Was ist Behinderung? – Abwertung und Ausgrenzung von Menschen mit Funktionseinschränkungen vom Mittelalter bis Postmoderne* den Umgang mit ›Normalität‹ und ›Behinderung‹ und wie sich diese in der Sprache widerspiegeln. Alle Begriffe sind demnach das Ergebnis der Auseinandersetzung verschiedenster Gruppen und Institutionen mit den vorherrschenden Denk- und Verhaltensweisen zu Behinderung. Die Diskussionen schreiten weiter fort, derzeit insbesondere auf internationaler und auch immer mehr interkultureller Ebene. Ändern sich die Begriffe, mit denen man Menschen bezeichnet, hängt das sehr häufig mit Diskussionen um die Verteilung gesellschaftlicher Ressourcen und Arbeitsplätze zusammen – kurz gesagt: es geht um Wirtschaft und Geld. Verändern sich Begriffe oder wandeln sich Wortbedeutungen, so hängt dies zumeist mit tiefgreifenden Strukturveränderungen zusammen, welche in Sprache gefasst werden. Neue Begriffe und Bedeutungen beschleunigen, vertiefen und verfestigen damit die jeweilige Strukturveränderung, führen aber selbst keine herbei. Ein Begriffswandel ist nur sinnvoll, wenn damit auch eine Veränderung der Denkweise über die Personengruppe, hier behinderte Menschen, verbunden ist. Sollte dies nicht der Fall sein, kommt die von Linguist*innen so genannte ›Euphemismus-Tretmühle‹ in Gang: Jeder neu eingeführte Begriff nimmt irgendwann die negativ verbundenen Eigenschaften des Begriffs an, der vorher genutzt wurde, solange sich nicht die negativen Einstellungen und Denkweisen zu der Personengruppe, über die gesprochen wird, in der Dominanzgesellschaft ändern. Ändert sich der Begriff, der eine benachteiligte Menschengruppe beschreibt, nicht mehr, kann davon angegangen werden, dass die gesellschaftliche Gleichberechtigung selbstverständlich wird. Aktuell stecken wir mitten in einer tiefgreifenden Phase der Begriffsveränderungen, wozu dieses Buch ebenso einen Beitrag leisten soll.

Nachdem in Deutschland 2009 die UN-Behindertenrechtskonvention[23] in Kraft trat, wurde ›Inklusion‹ zum Mainstream und war voll im Trend. Während einige behinderte Menschen den Begriff ›Inklusion‹ ausschließlich für die Rechte behinderter Menschen nutzen, schließt der ganzheitliche Inklusionsbegriff alle Menschen, die von Ungleichheit und Diskriminierung betroffen sind, in einer intersektionalen Sichtweise von Inklusion ein. Es geht um ein Zusammenleben von allen Menschen, sowohl jenen mit verschiedenen Diskriminierungserfahrungen wie auch solchen, die keine Diskriminierung erfahren. Diese intersektionale Sichtweise von Inklusion ist besonders wichtig, da Menschen mit Behinderung auch in weiteren Bereichen ihrer Lebenswelt negativ von Diskriminierung betroffen sein können (z.B. Gender, sexuelle Orientierung, Herkunft, Klasse uvm.), was ihre Erfahrungen mit Ableismus in der Dominanzgesellschaft je nach Alltagssituation verstärken kann und daher in Diskussionen um Inklusion nicht ausgeblendet werden darf. Nichtbehinderte ›Expert*innen‹ dagegen nutzen die Diskussion auf ihre Weise, indem sie ›Inklusion‹ als Synonym für ›Integration‹ nutzen. Damit ändert sich gesellschaftlich leider nichts, denn Integration bedeutet, dass behinderte Menschen sich an die nichtbehinderte Dominanzgesellschaft anpassen müssen, um eingeschlossen zu sein. Oder der Inklusionsbegriff wird so exzessiv verwendet, dass er an Bedeutung verliert. Spielen ein behindertes und nichtbe-

23 UN-Behindertenrechtskonvention: »Das ›Übereinkommen über die Rechte von Menschen mit Behinderungen‹ (Convention on the Rights of Persons with Disabilities – CRPD) ist ein Menschenrechtsübereinkommen der Vereinten Nationen, das am 13. Dezember 2006 von der Generalversammlung der Vereinten Nationen beschlossen wurde und am 3. Mai 2008 in Kraft getreten ist. Die UN-Behindertenrechtskonvention beinhaltet – neben der Bekräftigung allgemeiner Menschenrechte auch für behinderte Menschen – eine Vielzahl spezieller, auf die Lebenssituation behinderter Menschen abgestimmte Regelungen« https://www.behindertenrechtskonvention.info/ (16.08.2022).

hindertes Kind miteinander, ist das nicht ›inklusives Spielen‹, sondern vielmehr eine Freund*innenschaft. Bei Inklusion muss sich die Gesellschaft verändern, um behinderte Menschen nicht mehr zu diskriminieren. Sehen wir es als besonders an, dass ein behindertes und nichtbehindertes Kind miteinander spielen, haben wir nicht verstanden, was Inklusion bedeutet, da das behinderte Kind wieder zum ›Anderen‹ gemacht wird. Begriffe sind also ein Machtmittel, das Eingrenzung und Abgrenzung beschreibt. Menschen wie sogenannte ›Expert*innen‹ aus der Pädagogik, dem medizinischen Bereich und der Verwaltung tragen wesentlich zu gesellschaftlichen Benachteiligungsprozessen bei, weil sie die Definitionsmacht über behinderte Menschen haben. Begriffe zeigen, wie sich Verhaltensweisen, Gefühle und Denkweisen über ›Behinderung‹ und somit auch über Ableismus im Laufe der Geschichte entwickelt haben. Gleichzeitig führte die Ratifizierung der UN-Behindertenrechtskonvention aber auch zu einer neuen Welle der Identitätspolitik bei behinderten Menschen selbst. Insbesondere auf Social Media machen zahlreiche Behindertenrechtsaktivist*innen wie Luisa L'Audace, Tanja Kollodzieyski, Heiko Kunert, Lela Finkbeiner, Cindy Klink, Natalie Dedreux, Ash, Wille Felix Zante und viele weitere auf ihre Lebenswelten, Ableismus und die Sprache über Behinderung aufmerksam. Im englischsprachigen Raum gibt es für die Selbstbezeichnung zwei Varianten mit unterscheidlicher Konnotation:

- *Person-First-Language*: Mensch mit Behinderung (wenn die Person im Mittelpunkt steht).
- *Identity-First-Language*: behinderter Mensch (die Identität wird in den Mittelpunkt gestellt).

Während in den deutschsprachigen Medien nach zahlreichen Jahren der Aufklärung endlich Begriffe wie ›die Behinderten‹ immer mehr abnehmen, steht die Diskussion, welche Variante unter behinderten Menschen verwendet wird, in Deutschland noch am Anfang. Bestimmte Communitys wie etwa die von Autist*innen bestehen auf *Identity-First-Language*, da sich ihr

Autismus nicht von ihrer Persönlichkeit lösen lässt. Eine radikale Strömung der Behindertenrechtsbewegung der 1970er nannte sich selbstbewusst selbst ›Krüppelbewegung‹ und nutzte damit den diskriminierenden Begriff, um ihn umzudeuten. Das nennt sich Reclaiming und ist ein Prozess, in dem ursprünglich beleidigende Begriffe innerhalb einer marginalisierten Gruppe nach außen zur Selbstbezeichnung genutzt werden. Die Übernahme der diskriminierenden Begriffe dient der Provokation, dem Empowerment und der Sichtbarmachung von Diskriminierung. Es ist an dieser Stelle wichtig, zu betonen, dass nur die jeweils betroffene Community benachteiligter Menschen entscheidet, welche diskriminierenden Begriffe im Sinne des Reclaiming verwendet werden dürfen und ausschließlich von der jeweiligen Community selbst im Sinne der Eigenermächtigung genutzt werden dürfen. Sprache ist Macht, weil auch innerhalb der Communitys die Frage offenbleibt, wer Begriffe setzt und definiert. Innerhalb der Community behinderter Menschen ist somit auch meine Perspektive eingeschränkt, da Menschen mit Behinderung vielfältig sind und ich als kleinwüchsige und gehbehinderte Frau beispielsweise nichts aus der Eigenperspektive von sehbehinderten oder hörbehinderten Menschen sagen kann. Auch ich muss hier nachfragen, um nicht unbewusst die Muster der Dominanzgesellschaft darzustellen. Daher gehe ich hier auch immer wieder auf die Aussagen von verschiedenen Behindertenrechtsaktivist*innen ein, um möglichst vielen Perspektiven Raum zu geben.

Anzumerken ist aber auch, dass Begriffe zu Behinderung interkulturell betrachtet werden müssen. Vor dem Eingang zu einer Behindertentoilette in Italien las ich einmal den Begriff ›diversamente abile‹, was auf Deutsch ›verschieden begabt‹ bedeutet. In mir kochte es, weil ich Euphemismen wie diesen gar nicht mag. Später hörte ich, dass dieser Begriff aber von behinderten Menschen selbst in Italien geprägt wurde, was mir eine kleinwüchsige Journalistin aus Italien, die wie ich Aufklärungsarbeit zu Behinderung betreibt, bestätigte. Sie selbst mag den Begriff aber auch nicht. In mir löste es folgenden Reflexionsprozess aus: Welche Rolle kann ich als Deutsche mit einer Behinderung in so einer Situation einnehmen, in der ich Respekt vor den Sprachdiskussionen behinderter Menschen in Italien haben sollte, da ich nicht die genauen und kulturspezifischen Hintergründe der Debatten kenne. Als juristische Bezeichnung für Behinderung nutzt meine Universität in Italien den Begriff ›fragilita‹, was auf Deutsch übersetzt ›Schwäche, Gebrechlichkeit, Anfälligkeit und Unsicherheit‹ bedeutet. Begriffe, die, wie ›Krüppel‹ im Deutschen Eigenschaften beinhalten, die diskriminierend mit Behinderung in Verbindung gebracht werden und mich sehr verstört haben, als ich diese selbst auf mich anwenden musste, um einen Nachteilsausgleich bei der Universität zu bekommen. Auf der anderen Seite nutzen auch behinderte Menschen teils diskriminierende Begriffe für sich, weil sie Ableismus internalisiert haben oder Reclaiming betreiben. Da sich die Diskussionen um Selbstbezeichnungen je nach Land und Sprache unterscheiden, ist es wichtig, die Aussagen von Behindertenrechtsaktivist*innen immer auch in diesem Kontext zu betrachten. So bezeichnet sich die Behindertenrechtsaktivistin Kayla McKeon, die mit dem Down-Syndrom lebt, selbst lieber als ›verschieden begabt‹. Sie mag die Bezeichnung lieber, da sie darauf fokussiert, was sie kann, und nicht darauf, was nicht möglich ist. Das muss ich respektieren, auch wenn ich selbst ›Behinderung‹ als Selbstbezeichnung vorziehe. Aus den Vereinigten Staaten gibt es auch noch eine Bewegung namens *People First* (*Mensch Zuerst*) von Menschen mit kognitiven Behinderungen, die als Selbstbezeichnung ›Menschen mit Lernschwierigkeiten‹ wählen.[24] Ebenso bevorzugen es viele Menschen mit Lernschwierigkeiten, als kognitiv beeinträchtigt anstatt als kognitiv behindert bezeichnet zu werden. Diese Selbstbezeichnung habe ich ebenso zu achten. Als Journalistin spielt es in meiner Arbeit auch eine Rolle, die interkulturellen Sphären der Selbstbezeichnungen zu erkennen und im kulturellen Kontext richtig anzuwenden. Leider ist das

24 vgl. https://www.menschzuerst.de/ (31.03.2022).

in den Medien noch nicht so recht angekommen. In den USA bezeichnen sich kleinwüchsige Menschen auch als ›dwarf‹, was auf Deutsch übersetzt ›Zwerg*in‹ bedeutet. Im deutschsprachigen Raum ist dieses Wort nicht zuletzt wegen des Bezugs auf das Märchen *Schneewittchen und die sieben Zwerge* komplett tabu und wird auch nicht als Reclaiming genutzt.

Gleichzeitig müssen wir hinterfragen, ob etablierte Wörter zu Behinderung auch wirklich noch ihren Zweck erfüllen. Derzeit wohne ich in einer ›barrierefreien‹ Wohnung in einem Studierendenwohnheim, die für mich gar nicht barrierefrei ist, da sie auf die Bedürfnisse von Rollstuhlfahrer*innen, aber nicht von Kleinwüchsigen ausgerichtet ist. Im Gegenteil – viele Standards zu Barrierefreiheit für Rollstuhlfahrer*innen stellen für mich neue Barrieren dar, weil vieles höher gebaut wird. Daher brauche ich einen Hocker, um überhaupt in mein Bett zu klettern. Barrierefreiheit ist genormt und hat nur Menschen mit einer ›genormten‹ Behinderung im Blick. Das verbirgt aber, ob ein Ort wirklich für alle Menschen mit einer Behinderung nutzbar ist, da Bedarfe je nach Behinderung völlig verschieden sein können. Somit ist Barriere›freiheit‹ eigentlich auch nie eine ›Freiheit‹, da es immer Barrieren für einzelne Gruppen geben wird. Es wäre daher ratsam, von Barrierearmut zu sprechen oder Universal Design anzuwenden.

Anhand der Art und Weise, wie behinderte Menschen sprechen, werden sie von ihrer Umwelt kategorisiert. So passiert es Menschen mit Sprech- und Sprachbehinderungen sowie Körperbehinderungen beispielsweise regelmäßig, dass sie übergangen und ihre geistigen Fähigkeiten angezweifelt werden. Solche Situationen verstärken sich bei behinderten Menschen ebenso, wenn weitere Faktoren der Diskriminierung dazu kommen. Ganz klassisch und klassistisch werden die Diskriminierungserfahrungen, wenn behinderte Menschen zusätzlich eine Migrationsgeschichte haben und als nicht weiß gelesen werden, eine Sprache nicht als Erstsprache sprechen oder einfach einen Akzent oder einen unbeliebten Dialekt haben. Aus eigener Erfahrung weiß ich: Es lohnt sich, immer möglichst wortgewandt und im besten Hochdeutsch aufzutreten, und schon werde ich als körperbehinderter und kleinwüchsiger Mensch ernster genommen. Selbstkritisch muss ich an der Stelle aber auch anmerken, dass ich im Gegensatz zu Menschen mit Sprach- und Sprechbehinderungen oder auch schwerhörigen und tauben Menschen enorme Privilegien in der Kommunikation besitze, da ich mich jederzeit in Lautsprache, die alle Kommunikation dominiert, in perfektem Redefluss und Wortschatz ausdrücken kann. Dies sehe ich auch als Grund, warum ich als Stimme in der Behindertenrechtsbewegung wesentlich mehr Aufmerksamkeit erhalte. Meine Sichtweisen sind bei Veranstaltungen sehr gefragt, weil ich ohne architektonische Barrieren problemlos eine Möglichkeit habe, in Lautsprache zu kommunizieren. Hierzu braucht es eine breite und kritische Debatte in allen Räumen welche Stimmen wahrgenommen werden und warum. Dies betrifft auch ebenso stark Menschen mit kognitiven Beeinträchtigungen, die für eine Kommunikation auf Augenhöhe einfache oder leichte Sprache benötigen, die im öffentlichen Raum fast gar nicht gewährleistet oder gar gezielt abgewertet wird. Auf allen Veranstaltungen, wo ich innerhalb der letzten sechs Jahre gesprochen habe, waren schwerhörige und taube Menschen, Menschen mit Sprech- und Sprachbehinderungen, sowie mit kognitiven Beeinträchtigungen nicht als gleichberechtigte Redner*innen eingeladen.

Auch für die Deutsche Gebärdensprache ist die Machtausübung der Dominanzgesellschaft spürbar, es fällt aber selten auf, denn ihr, und damit auch gehörlosen Menschen, wird keine Sichtbarkeit gegeben. Die Deutsche Gebärdensprache bleibt bei Pressekonferenzen unsichtbar, weil Gebärdensprachdolmetscher*innen sehr oft gezielt nicht mitgefilmt werden, während dies in zahlreichen Ländern von Italien über Brasilien und den USA bis nach Venezuela bei offiziellen Anlässen Standard ist. Erkennen wir die Sprache eines Menschen nicht an, entmenschlichen wir ihn.

Sichtweisen auf Behinderung seitens der Gesellschaft

Die Disability Studies haben die Interpretation von ›Behinderung‹ bereits in zahlreichen Modellen beschrieben. Hier stelle ich die drei bekanntesten vor, die helfen sollen, Alltagsableismus besser zu beschreiben. Das *Medizinische Modell* von Behinderung beruht auf Erfahrungen von ›Expert*innen‹ aus Pädagogik, Medizin und Verwaltung mit behinderter Menschen. Es kam mit den modernen medizinischen Klassifikationen im 18. Jahrhundert auf und beherrschte die Vorstellungen von Behinderung noch in den 1970er- und 1980er-Jahren, bis sich ein Wandel einstellte. ›Behinderung‹ wird hier als das direkte Ergebnis einer körperlichen oder geistigen ›Schädigung‹ angesehen, entstanden durch eine Verletzung oder Krankheit. Hier wird der ableistische Charakter dadurch deutlich, dass ›Behinderung‹ mit ›Krankheit‹ gleichgesetzt und auf eine Schädigung reduziert wird. Ziel ist es, die vermeintliche Schädigung beziehungsweise das Defizit mit medizinisch-therapeutischen Behandlungsmethoden und pädagogischer Förderung zu beseitigen oder den behinderten Menschen so weit zu normalisieren, dass dieser – angepasst an die Dominanzgesellschaft – sein Leben bestreiten kann. Das nennt sich *Rehabilitation*. Behinderung ist nach diesem Modell ein objektiv beschreibbares, negatives Merkmal, also Stigma, einer Person, das alle anderen Eigenschaften und Fähigkeiten in den Hintergrund treten lässt. Behinderung wird als etwas Schicksalhaftes oder als persönliches Unglück gedeutet, das der Mensch individuell bewältigen müsse. Dass die Dominanzgesellschaft in der Pflicht ist ihre Einstellungen und Umgang mit behinderten Menschen zu hinterfragen, wird nicht verhandelt. Auf dieser Grundlage vollziehen sich struktureller Ableismus und Alltagsableismus. Behinderung wird mit einer Krankheit gleichgesetzt, die es zu verhüten, zu heilen oder wenigstens zu lindern gilt.

Das Medizinische Modell lässt völlig außer Acht, dass behinderte Menschen ebenso gesund sind wie die meisten anderen Menschen. Krank bin ich mit einer Erkältung, aber nicht als Kleinwüchsige. Behinderung wird stereotyp mit Leid gleichgesetzt, blendet damit aber völlig die Lebensrealität von Menschen mit Behinderung aus. Soziale Prozesse, die im Lebens(alltag) behindern, bleiben bei diesem Modell unsichtbar. Behinderung ist ›Abnormalität‹ und diese wird gleichgesetzt mit Unfähigkeit, Abhängigkeit, Unattraktivität und Passivität – kurz: ein Leben mit Behinderung ist einfach negativ. Nach diesem Modell sind behinderte Menschen abhängig von Expert*innen aus der Medizin und Pädagogik und angewiesen auf Sozialleistungen, deren Vergabe immer an soziale Kontrolle geknüpft ist. Prozesse von Abwertung und Ausgrenzung klammert das *Medizinische Modell* ebenso aus, es reduziert einen behinderten Menschen auf ein körperliches Defizit. Behinderte Menschen sollen dieses Defizit einverleiben und als Rolle annehmen, anstatt dass Kultur und Gesellschaft mit in die Prozesse von ›Behinderung‹ einbezogen werden. ›Andersheiten‹ sind also Defekte und Störungen.

All diese Aspekte gleichzeitig beschreibt das *Soziale Modell von Behinderung*. Es stellt einen Meilenstein der Disability Studies dar und ging aus der britischen und US-amerikanischen Behindertenrechtsbewegung hervor, woraus wiederum die Disability Studies entstanden. Sie prägten das Motto: ›Nicht über uns ohne uns‹. Das ist auch heute noch ein populäres Motto in der Forschung der Disability Studies. Als Gegenentwurf zur ›Behindertenforschung‹ der Medizin nahmen sie die Gesellschaft und nicht nur den behinderten Menschen in den Fokus ihrer Analysen und unterzogen sie einer deutlichen Gesellschaftskritik. Hier griffen sie auf Goffmans Arbeiten zu Stigmatisierung zurück, auf welche ich bereits Bezug genommen habe. Behinderung ist für sie ein Resultat sozialer Organisation. Das heißt: Menschen werden nicht wegen einer sogenannten körperlichen oder kognitiven ›Schädigung‹ behindert, sondern durch das soziale System, also die Gesellschaft, welche Behindernisse der Teilhabe errichtet. Somit setzen die Lösungen von Benachteiligung nicht beim behinderten Individuum an, sondern bei der Gesellschaft. Demnach müssen sich die gesellschaftlich-kulturellen Verhältnisse ändern, die offen ableistische, abwertende oder unterdrückende Lebens- und Handlungsweisen gegenüber behinderten Menschen hervorbringen.

Die Disability Studies unterscheiden an dieser Stelle zwischen zwei Begriffen: Behinderung und Beeinträchtigung. Nichtbehinderten Wissenschaftler*innen, die oftmals in der Dominanzgesellschaft die klassischen Disziplinen zu Behindertenforschung einnehmen und hier die Rolle der Expert*innen im Sinne des medizinischen Modells über behinderte Menschen innehaben, verwenden diese meistens falsch. ›Behinderung‹ (auf Englisch: *disability*) und ›Beeinträchtigung‹ (auf Englisch: *impairment*) beschreiben zwei verschiedene Realitäten. Behinderung zeigt die sozial-kulturellen Wechselwirkungen in der Gesellschaft auf, welche im sozialen und kulturellen Modell von Behinderung zur Sprache kommen, während ›Beeinträchtigung‹ medizinische Diagnosen und körperliche oder kognitive Körperverschiedenheiten beschreibt, die beim Medizinischen Modell im Vordergrund stehen, um die Lebenswelt behinderter Menschen zu betrachten und zu bewerten. Somit vertreten Expert*innen, die ›Beeinträchtigung‹ als vermeintlich progressiven Begriff begreifen, nur das, nach wie vor in Deutschland vorherrschende, Medizinische Modell von Behinderung und erhalten im Prinzip auf zweifache Weise ihre Deutungsmacht. Hier braucht es dringend eine Sensibilisierung für sprachliche Machtverhältnisse, dafür, dass Selbstbezeichnungen im Vordergrund stehen müssen, um die eigene Lebensrealität zu beschreiben und zu bewerten. Wie bereits erwähnt, bedeutet das aber ebenso zu respektieren, dass Menschen mit Lernschwierigkeiten für sich selbst oftmals Beeinträchtigung als Selbstbezeichnung anstatt Behinderung vorziehen. Dies gilt es fernab von allen Debatten von nichtbehinderten ›Expert*innen‹ ebenso ernstzunehmen. Dass Euphemismen aus dem medizinischen und pädagogischen Bereich von der Dominanzgesellschaft und vermeintlichen ›Expert*innen‹ mehr respektiert werden und medizinische und pädagogische Beschreibungen über die Lebenswelten behinderter Menschen nach wie vor überwiegen, zeigt, dass die Zeit mehr als reif dafür ist, dass die vermeintlichen Expert*innen die Deutungshoheit und somit die Expert*innenrolle aufgeben. Passiert das nicht, wird sich der Status Quo leider kaum ändern.

›Behinderung‹ und ›Beeinträchtigung‹ beziehen sich aufeinander. Als behinderte Frau bin ich besonders auf eine gute medizinische Versorgung angewiesen, die meine Bedarfe ernst nimmt. Gleichzeitig bestimmt die Gesellschaft, welchen Zugang ich überhaupt zu dieser Versorgung bekomme. Daher beschreibt ›Behinderung‹ konkret in dieser Situation vielmehr einen sozialen als einen körperlichen Zustand, weil der Zugang zu Krankenversicherungen und finanziellen Ressourcen darüber entscheidet, wer Zugang zur Gesundheitsversorgung hat oder nicht. Behinderte Menschen haben statistisch gesehen das höchste Armutsrisiko, machen hier also miteinander verknüpfte Erfahrungen von gesellschaftlichen Machtstrukturen. Behinderung betrifft aber nur Menschen mit Beeinträchtigungen und nicht alle Menschen, weil die Gesellschaft die sozial-kulturelle Behinderung erst erzeugt.

Nur die Gesellschaft in den Blick zu nehmen, ist Kulturwissenschaftler*innen in den Disability Studies nicht genug. Daher entwickelten sie das *Soziale Modell von Behinderung* in den 1990er-Jahren weiter zum *Kulturellen Modell von Behinderung*. Dieses betrachtet weniger, wie Behinderung als soziokulturelles Phänomen entsteht, sondern vielmehr, wie ›Normalität‹ gesellschaftlich konstruiert wird. Welche kulturellen und historischen Faktoren trugen zur Konstruktion welcher ›Normalität‹ bei? Wie beeinflussen sie das gegenwärtige Bild von ›Behinderung‹ und ›Nicht-Behinderung‹? Der Bindestrich im Begriff ›Nicht-Behinderung‹ betont, dass die Grenzen zwischen Behinderung und Nichtbehinderung fließend sein können. Untersuchungsgegenstand ist hier also nicht alleine der ›behinderte Mensch‹, sondern die ›normale Gesellschaft‹, deren Mechanismen, und wie sie ›Normalität‹ und ›Abweichung‹ konstruieren. Daher beschreibt das *Kulturelle Modell von Behinderung* auch, was ›Nicht-Behinderung‹ überhaupt bedeutet.

> »Behinderung (disability) als alleiniger Begriff hat keine Aussagekraft ohne konkreten Bezug zu den Vorstellungen von Normalität in einem Gesellschaftssystem – und umgekehrt.«[25]

So beschreibt die Wissenschaftlerin Anne Waldschmidt die Zusammenhänge von ›Behinderung‹ und ›Normalität‹. Damit vollzieht das Kulturelle Modell einen Perspektivwechsel von 180 Grad, indem die nichtbehinderte Dominanzgesellschaft, die ›Normalität‹, aus dem Blickwinkel von behinderten Menschen betrachtet wird. Wie Goffman schon beschrieben hat, bedingen sich beide gegenseitig. Ohne die ›Anderen‹, welche behinderte Menschen für die nichtbehinderte Dominanzgesellschaft sind, gibt es für die ›Nicht-Behinderten‹ keine Normalität, von der sie sich zu den Menschen mit Behinderung abgrenzen können. Beide sind strukturell miteinander verbunden. Das *Kulturelle Modell* betrachtet nicht nur die soziokulturellen Hintergründe von Behinderung, sondern die Andersartigkeit von Körpern und Vorstellungen des genormten und der Norm nicht entsprechenden Körpers und wie diese Bilder historisch und gesellschaftlich entstanden sind oder sich auch verändert haben. Wie im Alten Ägypten können sich Vorstellungen von körperlicher Abweichung und Behinderung verändern. Wie wir über unseren Körper denken, ist unabdingbar mit Kultur und historischen Hintergründen verbunden, die bis in die Gegenwart Wirkung zeigen. Ziel des Kulturellen Modells von Behinderung ist daher, Wissen über Körper, Normalität und Abweichung und die je-

---

25 Waldschmidt, Anne: Was ist Disability History. Zur Geschichte und Historiografie von Behinderung. In: Bösl, Elsbeth / Klein, Anne / Waldschmidt, Anne (Hg.): Disability History. Konstruktionen von Behinderung in der Geschichte. Eine Einführung. 1. Auflage. Bielefeld: transcript Verlag. S. 33.

weiligen einschließenden und ausschließenden sozialen Prozesse zu schaffen und miteinander in Verbindung zu bringen.

Um zu analysieren, wie Behinderung in früheren Zeitepochen und Kulturen gesehen wurde, braucht es wiederum Wissen über den Umgang mit behinderten Menschen während dieser Zeit und an den unterschiedlichen Orten – so kommt die Disability History wieder ins Spiel. Die Botschaft ist, dass verschiedene Menschen mit ihren vielfältigen Eigenarten zur gesellschaftlichen Vielfalt beitragen. Statt Gruppen zu bilden, um Menschen auf Eigenschaften und Erwartungen festzulegen, sollte es darum gehen, Verschiedenheiten anzuerkennen und wertzuschätzen. Vollständig akzeptiert werden Menschen mit Behinderung aber erst, wenn sie nicht mehr als kleine benachteiligte Gruppe angesehen werden, die es zu integrieren gilt, sondern als inklusiver Bestandteil der Gesellschaft. Die Repräsentation von Menschen mit Behinderung in der Gesellschaft muss sich ändern, damit Behinderung nicht länger als eine Abweichung von der ›Normalität‹ gesehen wird, sondern als ein Teil der Vielfalt Mensch.

2. Phänomene, Stereotype, Sichtweisen von Alltagsableismus

Mikroaggressionen und Sphären von Ableismus

Öffentliche Verkehrsmittel zu nutzen, ist für Menschen mit Gehbehinderung jedes Mal aufs Neue anstrengend. Damit meine ich nicht die Menschenmassen während der Hauptverkehrszeit, sondern als erwachsener Mensch vom Mobilitätsservice der Deutschen Bahn regelmäßig von Mitarbeitenden geduzt zu werden, obwohl sich beide Personen nicht kennen. (Nur meine Lieblingsmitarbeitenden bei der Bahn, die ich schon lange kenne, wir uns auch persönlicher unterhalten, dürfen mich duzen. Aber es bleibt nach wie vor meine Entscheidung.) Entnervend ist auch die Durchsage im Zug, dass die Abfahrt zehn Minuten später erfolgt, weil sie einen Rollstuhl, oder besser gesagt ein*n Rollstuhlfahrer*in, einladen mussten, oder alleine der Umstand, ohne reservierten Rollstuhlplatz in ICEs auch mit Ticket nicht mitgenommen zu werden und als Rollstuhlfahrer*in Bahnfahrten mindestens einen Tag vorher anmelden zu müssen, um für den Ein- und Ausstieg in die Züge Assistenz von der Bahn zu erhalten. Diese vielen kleinen, verletzenden Bemerkungen und Handlungsweisen, die Nichtbetroffenen unbekannt sind oder nicht auffallen, behinderte Menschen aber immer wieder aufs Neue im Alltagsleben belasten, heißen Mikroaggressionen.

Der Begriff wurde von dem afroamerikanischen Psychiater und Professor der Universität Harvard, Chester Middlebrook Pierce, bei seiner Arbeit mit Schwarzen US-Amerikaner*innen geprägt. Er beschreibt subtile, häufig nonverbale, oft unbewusste Äußerungen und Handlungen, die herabsetzend sind. Diese subtilen Kränkungen erfahren alle benachteiligten Menschengruppen, so auch behinderte Menschen. Die Vorsilbe ›mikro‹ weist darauf hin, dass die Handlungen und Worte an sich zwar unbedeutend und harmlos wirken, sich aber im Kontext von

Aushandlungen zwischen einer privilegierten Gruppe und benachteiligten Menschen und vor allem durch ihre permanente Wiederholung ins Gegenteil verkehren. Die Aggressionen gegenüber benachteiligten Menschen können, müssen aber nicht, die Absicht haben, durch Worte oder Verhalten andere auszuschließen oder deren Ruf zu schädigen, um eine Mikroaggression darzustellen. Mikroaggressionen zeigen sich auf dreierlei Weise: Beleidigungen, Entwertungen und Übergriffichkeit.

In der Theorie zur Mikroaggression wird die Wahrnehmung des Zielobjekts, bestimmte Handlungen und Worte als Kränkung wahrzunehmen, ernst genommen, während Täter*innen sich den Folgen ihres Verhaltens gegenüber den benachteiligten Menschen oft nicht bewusst sind. Daher stellen sie sehr oft auch die Einschätzungen der von einer Mikroaggression betroffenen Person infrage, weil ihrer Meinung nach Handlungen oder Worte erst dann eine Mikroaggression darstellen, wenn eine herabsetzende Absicht dahinterstecken würde. Solche Argumentationen sind subtile und unbedachte Ausdrücke von Dominanz, die Deutungshoheit über benachteiligte Menschen aufrecht zu erhalten versucht. Es wird suggeriert, Betroffene seien überempfindlich. In Wirklichkeit bereitet es privilegierten Gruppen jedoch Angst, wenn benachteiligte Menschen in der Öffentlichkeit über ihre Erfahrungen sprechen; sie fürchten den Verlust von Privilegien.

Mikroaggressionen wirken sich nicht nur auf das Alltagsleben der Betroffenen aus, sondern haben einen Effekt auf die Lebensqualität und den Lebensstandard der benachteiligten Gruppe innerhalb der privilegierten Dominanzgesellschaft. Sie haben auch Einfluss auf den Zugang und die Möglichkeiten zu Bildung, Arbeitsverhältnissen und dem Gesundheitswesen.[26] Wie sich Mikroaggressionen bei behinderten Menschen genau zeigen und welche Auswirkungen das auf ihre Lebenswelt hat, ist bisher kaum erforscht.[27] Die folgenden Beschreibungen in

26 Vgl. Spanierman, Lisa Beth, Wing Su, Derald WILEY 2020: Microaggressions in Everyday Live., S. 4–41.
27 Vgl. Wing Sue, Derald WILEY 2010: Microaggressions and Marginality. Manifestation, Dynamics and Impact., S. 241–267.

diesem Buch, welche sich auf die soziologischen Beobachtungen von Goffman und Behindertenrechtsaktivist*innen stützen, geben einen ersten Einblick, welche Mikroaggressionen behinderte Menschen in ihrer Lebenswelt erfahren.

Stigmatisierung oder der Elefant im Raum

Am Anfang der Mikroaggressionen steht das Stigma. Behinderte Menschen können aufgrund dessen nie sicher sein, wie Nichtbehinderte sie wirklich wahrnehmen. Weisen sie behinderten Menschen in einem Raum einen positiven Platz zu, bleibt das Stigma, das durch die gesellschaftliche Einstellung zu Behinderung definiert wird. Je nach Raum, in dem ich mich gerade bewegen muss, entscheide ich bewusst, welchen Eindruck ich hinterlassen will, weil ich weiß, wie entscheidend dieser dafür sein wird, wie Nichtbehinderte in diesem Raum mit meiner Behinderung umgehen.

Der Soziologe Goffman, auf den ich hier schon mehrfach zu sprechen kam, hat über den Begriff des ›Stigmas‹ ein Grundlagenwerk der Soziologie geschrieben. In diesem geht er auch auf die Erfahrungswelt behinderter Menschen ein. Ursprünglich kommt der Begriff von den alten Griech*innen. ›Stigma‹ war ein körperliches Zeichen und diente dazu, etwas Ungewöhnliches oder Schlechtes über den moralischen Zustand der Träger*innen zu zeigen. Sie schnitten oder brannten die Zeichen in den Körper. Damit waren sie öffentlich gebrandmarkt und wurden besonders auf öffentlichen Plätzen gemieden. Goffman beschreibt, dass es in einem beliebigen Raum immer bestimmte Mittel gibt, um Personen in eine Kategorie einzuordnen. Damit werden Personen Eigenschaften und Verhaltensweisen zugeschrieben, welche für Menschen aus dieser Kategorie als ›normal‹ und gewöhnlich empfunden werden. Da das Leben komplex ist, suchen Menschen nach Mitteln, sich in ihrer Umwelt zu orientieren, um ihre Verhaltensweisen und die anderer Menschen besser einschätzen zu können. Die Kategorien und der Raum, in dem sie sich auswirken, entscheiden auch darüber, welche Menschen dort anzutreffen sind, denn an die Eigenschaften, die von Menschen erwartet werden, schließen sich Konventionen für den sozialen Umgang miteinander sowie Erwartungen an.

Für mich lässt sich das ganz einfach erklären: Ein Raum mit Treppenstufen davor ist für mich als gehbehinderte Frau nicht zugänglich. Dort muss ich draußen bleiben. Die nichtbehinderte Dominanzgesellschaft hat den Anspruch, dass Menschen gut gehen können, um jeden Raum physisch betreten zu können. Die Erwartung, gehen zu können, liegt unterschwellig in jeder Lebenssituation in der Luft, wird aber erst wirklich relevant und außergewöhnlich, wenn Menschen – wie ich – ›unerlaubt‹ die Regeln brechen und als gehbehinderte Person in den Raum der gehenden Nichtbehinderten wollen. Mache ich es trotzdem, in dem ich, je nach meinen Möglichkeiten, Hilfe organisiere, um mein Rad zu tragen und eigenständig mit langen Pausen die Treppen hochstapfe, bin ich ›der Elefant im Raum‹. Eigenschaften wie meine Behinderung sind ein ›Stigma‹. Räumlich abgewertet werde ich als gehbehinderter Mensch schon sehr intensiv durch Treppenstufen. Während Treppenstufen für mich stigmatisierend sind, bestätigen sie wiederum die Lebenswelt gehender Nichtbehinderter: Ohne Gehen geht nichts im Leben. Menschen erwarten nicht, mich in diesem Rahmen anzutreffen und fühlen sich daher teils sogar regelrecht gestört, dass ich ihren schönen Rahmen breche, denn eigentlich habe ich ihrer Ansicht nach nichts in diesem Raum zu suchen.

Die Verantwortung für den Umgang mit dem ›Stigma‹ wird komplett auf behinderte Menschen abgewälzt. Eine große Rolle spielt hier, ob oder welche Merkmale des ›Andersseins‹ für die Anwesenden bekannt oder unmittelbar wahrnehmbar sind. Auch für mich als kleinwüchsige Frau gilt, dass ich sehr sorgsam damit umgehe, wem, wann und wie viel ich über meine medizinischen Details mitteile, die die Nebenwirkungen meiner Kleinwuchsform betreffen und nicht äußerlich sichtbar sind. Goffman unterscheidet hier, für mich sehr treffend, zwischen der abgewerteten Person, die ich als Kleinwüchsige und damit sichtbar behinderte Person bin, und dem Abwertbaren: den Nebenwirkungen, die mit meiner Kleinwuchsform zusammenhängen, aber nicht sichtbar sind. Während Gehende sich in einem Raum ohne ebenerdigen Zugang ganz leicht in die Gemeinschaft einbringen können und nicht auffallen, ziehe ich alleine durch meine Erscheinung als Kleinwüchsige auf einem Rad die Aufmerksamkeit auf mich. Im Normalfall führt das zu beschämten Blicken und unbeholfenem Verhalten mir gegenüber, im schlimmsten Fall will niemand mit mir sprechen. Das reduziert für mich sämtliche Chancen in allen Lebensbereichen. Vielleicht könnte ich in diesem Raum sonst neue Aufträge als Freiberuflerin erhalten, neue Freund*innen oder einen neuen Lebenspartner kennen lernen. Lassen mich ›die Normalen‹, beschämt von ihrer Unsicherheit, alleine in der Ecke neben ihren Mänteln stehen, nehmen sie mir damit auch noch die Menschlichkeit. Denn als behinderter Mensch wie ein Regenschirm neben den Mänteln abgestellt zu werden, macht Menschen zu einem Objekt.

Auch Verbündete aus dem eigenen Umfeld zu finden, ist nicht immer einfach. Nichtbehinderte Freund*innen verstehen nicht, wie sich Diskriminierungserfahrungen konkret anfühlen, da sie erstmal grundsätzlich in jedem Raum willkommen sind und nicht der Bewertung anhand körperlicher, psychischer und kognitiver Eigenschaften unterworfen werden. Daher können behinderte Menschen selbst nach jahrelanger Freund*innenschaft konkrete Diskriminierungserfahrungen nicht immer mit ihren nichtbehinderten Freund*innen teilen und müssen zum Teil Freund*innenschaften deshalb sogar beenden.

Distanzlosigkeit

Begebe ich mich in einen Raum, wo sich in der Regel nur Nichtbehinderte bewegen, was meistens der Fall ist, fühle ich jedes Mal, wie ich fast schon zu einer Celebrity werde, da ich als ›Kleinwüchsige mit dem Rad‹ schon so viel Privates preisgebe und entsprechend auffalle. Sogar ein Flughafenmitarbeiter in

Griechenland erkannte mich nach fünf Jahren am gleichen Flughafen wieder. Ein anderes Mal traf ich eine mir völlig unbekannte Person in einem Buchladen in Norditalien, die meinte, mich Jahre zuvor während meiner Auslandssemester in der Nachbarsstadt im Supermarkt getroffen zu haben. Keine dieser Personen war für mich bekannt, es fühlt sich auch unangenehm an, wie sehr solche alltäglichen Begegnungen, die ich schon längst vergessen hatte, sich bei Nichtbehinderten regelrecht einbrennen. Auch entsteht dabei die Frage, was das für die Sicherheit von behinderten Frauen[28] bedeutet. Nach der Studie des Bundesministeriums für Familie, Senior*innen, Frauen und Jugend aus dem Jahr 2021 erfahren im Erwachsenenalter fast doppelt so viele behinderte Frauen körperliche Gewalt wie nichtbehinderte Frauen. Auch von sexueller Gewalt sind sie zwei- bis dreimal häufiger betroffen als nichtbehinderte Frauen. Das Sicherheitsrisiko müssen Frauen mit einer Behinderung jedes Mal aufs Neue einschätzen. Bewege ich mich in einem Raum der Nichtbehinderten, sind die beschämten Blicke meist gespickt mit sehr privaten Fragen über meine Behinderung und Einzelheiten, die schlicht grenzüberschreitend sind. Mein nichtbehindertes Gegenüber selbst würde sicherlich empört ablehnen, diese zu beantworten. Beispielsweise erhalten behinderte Menschen in Interviews häufig die Frage: ›Kannst du auch Sex

28 Auch trans Menschen, nicht-binäre Menschen und viele weitere marginalisierte Minderheiten sind in solchen Situationen in höherem Maße von Gewalt betroffen. Im deutschsprachigen Raum gibt es bisher leider keine Studien, die mehr als die Gewalterfahrungen von behinderten Frauen aufzeigen. Hier gibt es noch großen Forschungsbedarf. Laut der LGBT Map aus den Vereinigten Staaten haben behinderte Menschen aus der LGBTIQA+- Community einen schlechteren Zugang zur Gesundheitsversorgung, werden in der Schule viel öfter gemobbt oder erhalten Stafmaßnahmen seitens der Schule, sie werden in den Räumen der LBGTIQA+-Community ableistisch diskriminert und in den Räumen von behinderten Menschen aufgrund ihrer Identität der LBGTIQA+-Community. Viele Wechselwirkungen der Diskriminierung zwischen Ableismus und Gender sind noch nicht geklärt. Vgl. https://www.lgbtmap.org/file/LGBT-People-With-Disabilities.pdf (16.08.2022).

haben?‹, obwohl es in dem Beitrag nicht um das Thema Sexualität geht. Für mich persönlich wird dabei ein sehr denkwürdiges Bild von der Sexualität der Nichtbehinderten produziert.

Stehe ich nun in der Ecke im Raum neben den Mänteln, gibt es noch eine subtile Methode, mich mit Ignoranz zu strafen und dennoch distanzlos zu sein, mich zu beobachten, wie ich alltäglichste Dinge des Lebens verrichte: ein Glas halte, meine Tasche öffne oder einfach nur auf meinem Rad hocke. Nichtbehinderte starren mich an, als wäre ich eine Zirkusattraktion, was mich stark an die ›Freakshows‹ in westlichen Ländern im 19. und 20. Jahrhundert erinnert. Im *Holiday Park* in Hassloch gab es sogar bis 1996 die sogenannte Liliputaner-Stadt als ein Überbleibsel der ›Freakshows‹. Hier lebten kleinwüchsige Menschen in einer fiktiven Stadt und mussten sich von den Besucher*innen in ihrem Alltagsleben anglotzen und sogar anfassen lassen. Das Gleiche passierte während der Freakshows weltweit mit behinderten und körperlich-ungenormten Menschen über zwei Jahrhunderte. Der Begriff Liliputaner*in ist zutiefst ableistisch und geht auf den Roman *Gullivers Reisen* von Jonathan Swift zurück, wo Gulliver während seiner Reise auch auf der Insel Liliput landet, wo kleine Fabelwesen leben. Dieser Begriff wird bis heute abwertend für kleinwüchsige Menschen benutzt und befeuert nicht nur durch die Liliputanerstadt die Schaulust von Nichtbehinderten, sondern prägte auch sämtliche Vorurteile gegenüber Kleinwüchsigen.[29] Meist ignoriere ich das penetrante Verhalten, weil ich es nicht abstellen kann, oder verlasse den Raum wieder, um meine Ruhe zu haben. Oder ich versinke in der Welt meines Smartphones, um nicht noch Stufe zwei des distanzlosen Verhaltens zu provozieren: ungefragt angefasst zu werden. Während ich auf einer Konferenz meine Jacke anzog und nach einem Ärmel suchte, zog mir eine Journalistin einfach meine Jacke an, als wäre ich ein Kleinkind. Völlig empört, zog ich unter lauten Beschwerden meine Jacke wieder aus, um sie danach

29 vgl. Krause, Till https://sz-magazin.sueddeutsche.de/gesellschaft-leben/besuch-in-der-kleinstadt-79783 (16.07.2022).

wieder selbst anzuziehen. Die Frau verstand nicht, warum mich diese Situation so empörte, da sie, aus ihrer Sicht, nur helfen wollte. Nach Hilfe hatte ich aber nicht gefragt, diese ungefragt aufzudrängen, ist distanzlos und unverschämt.

> »Die stillschweigende Folgerung dieser Annäherungen ist, dass das stigmatisierte Individuum, (hier Menschen mit Behinderung) eine Person ist, der sich Fremde willkürlich nähern können, sofern sie nur für die Misere von Personen seiner Art Mitgefühl haben.«[30]

So beschrieb Goffman diese Situation. Wenn ich gerade nicht von Nichtbehinderten betatscht werde oder distanzlose Fragen über mein Privatleben gestellt bekomme, erlebe ich oft distanzlose und belehrende Fragen über meine Diagnose und den Umgang mit meiner Behinderung. Das trifft ebenso Eltern von behinderten Kindern. Meine Eltern erzählten mir, wie Fremde sie regelmäßig belehrten, welche Therapie sie doch mit mir machen müssten, damit ich doch noch wachse, und ihnen nicht glaubten, das sie schon alles abgeklärt hätten. Ebenso distanzlose Kommentare erhalte ich darüber, wie ich mich als behinderter Mensch doch selbst zu bezeichnen habe.

Diese unbewusste Nachahmung der ›Freakshows‹ führte dazu, dass ich öffentliche Räume ein paar Jahre lang gemieden habe, um solchen Blicken und Fragen aus dem Weg zu gehen. Oder ich ging in den Angriff über. Da Nichtbehinderte in der Regel eine höhere Machtposition einnehmen als behinderte Menschen, zieht diese Strategie aber zumeist nur noch negativere Folgen für die behinderte Person nach sich. Nichtbehinderte beschreiben dieses offensive Verhalten behinderter Menschen, ihre Bedarfe selbstbewusst und bewusst bei Diskriminierungssituationen einzufordern, als negative Charaktereigenschaft oder schreiben sie einer Laune zu: Entweder seien Menschen mit Behinderung zu aggressiv, die sogenannten ›Angry Cripples[31]‹,

30 Goffman, Erving (2010): Stigma. Über Techniken der Bewältigung beschädigter Identitäten. Frankfurt am Main: suhrkamp, 27.

31 Angry Cripples ist Englisch für wütende ›Krüppel‹.

und damit respektlos oder zu schüchtern und damit bemitleidenswert und schutzbedürftig, da sie sich in der so schrecklichen Welt nicht behaupten könnten. Damit würden behinderte Menschen ablehnendes Verhalten oder gar Aggressionen von Nichtbehinderten gegen ihre Person selbst auslösen. Erst meine Arbeit als Journalistin und in der Bildungsarbeit zu Inklusion und Behinderung half mir, meinen eigenen Einflussbereich auszubauen und das Unbehagen, das solche Situationen auch heute noch in mir auslösen, besser zu managen. Ich kann diese Erlebnisse durch dieses Buch in die Öffentlichkeit tragen. Den meisten behinderten Menschen bleibt die Chance, ihre Diskriminierungserfahrungen in dieser Form öffentlich zu machen, verwehrt.

Inspiration Porn[32]

Verwickeln mich Nichtbehinderte in ein Gespräch, kann das neben Berührungsängsten auch schnell in unverhältnismäßige Bewunderung umschlagen. Als ich als Jugendliche und junge Erwachsene viel und gerne auf Musikfestivals und Partys gegangen bin, sind regelmäßig Menschen auf mich zugekommen und haben mir mit einem breiten Lächeln erklärt, wie toll es doch ist, dass ich auch da sei. Das ›trotz meiner Behinderung‹ nannten sie teils wortwörtlich oder unterschwellig in einem Satz mit. Und natürlich, wie inspirierend das für sie wäre. Keine Ahnung, was an einer jungen Frau auf einem Rad, ungeduscht und etwas angetrunken auf einem Musikfestival inspirierend sein soll, aber für dieses Phänomen gibt es einen Namen: *Inspiration Porn*. Auch Goffman hat diese Beobachtungen gemacht. Die Interpretationsrahmen für alltägliche Ereignisse im Kontakt mit Nichtbehinderten funktionieren für behinderte Menschen nicht. Gewöhnliche Eigenschaften, Fähigkeiten oder Aktivitäten wie selbstständig Bus fahren, Einkaufen oder auf Konzerte gehen

---

32 Inspiration Porn ist Englisch und bedeutet soviel wie inspirierender Porno.

werden auf einmal zu einer bemerkenswerten, ›inspirierenden‹ Tätigkeit, welche Nichtbehinderte ihnen zuschreiben, ohne ihre Lebenswelten auch nur annähernd zu kennen.

Den Begriff prägte die australische Behindertenrechtsaktivistin und Comedian Stella Young in dem TED-Talk *Nein danke: Ich bin nicht Ihre Inspiration!* Als Schülerin sollte sie beispielsweise einen Preis für besondere Leistungen erhalten, dabei war sie nur eine recht durchschnittliche Schülerin ohne außergewöhnliche Verdienste und Leistungen. Sie wurde nur wegen ihrer Behinderung als ›Inspiration‹ für die Gemeinde vorgeschlagen. *Inspiration Porn* bedeutet, Nichtbehinderte bewundern behinderte Menschen, denen es vermeintlich schlechter als ihnen geht, ohne zu hinterfragen, ob dies auch wirklich der Fall ist. Durch das vermeintliche Leid, das behinderte Menschen angeblich in ihrem gesamten Leben erfahren, werten sie ihre eigene Person auf. Es wird dabei nicht hinterfragt, wie behinderte Menschen ihr eigenes Leben bewerten. Das ist eine Objektivierung von Menschen mit Behinderung.

> »Für viele sind behinderte Menschen nicht Lehrer*innen, Ärzt*innen oder Nagelpfleger*innen. Wir sind keine echten Menschen. Wir sollen inspirieren.«[33]

So beschreibt Stella Young die Einstellungen Nichtbehinderter gegenüber behinderten Menschen in ihrem TED-Talk. Stella Young nutzt den Begriff ›Inspiration Porn‹, weil ihrer Meinung nach Pornografie Menschen zu einem Objekt macht, von dem andere profitieren. Pornografie mit Ausbeutung gleichzusetzen, kritisierte wiederum @EbThen 2016 auf Twitter und regte an, stattdessen den Begriff ›Inspiration Exploitation‹, abgekürzt ›Insploitation‹, auf Deutsch ›Inspirations-Ausbeutung‹ und abgekürzt ›Inspirausbeutung‹, zu verwenden. Then kritisiert damit, wie viele andere Sexarbeiter*innen mit Behinderung,

33 YouTube: Stella Young: Nein danke: Ich bin nicht Ihre Inspiration | YouTube, 2014, [YouTube] https://www.youtube.com/watch?v=KCqgErJbeXY, 02:13–02:18.

die abwertende Wirkung des Begriffs ›Inspiration Porn‹. Im deutschsprachigen Raum weisen auch die Influencer*innen @Ashducation und @Romluras darauf hin. Eine umfassende Debatte mit dem Ziel, sich auf einen neuen Begriff zu einigen, sehe ich derzeit nicht innerhalb der Behindertenrechts-Community. Ich wollte aber den Reflexionsprozess nicht ausblenden. Zum Verständnis, wie dieses ableistische Phänomen zum ersten Mal mit Begriffen beschrieben wurde und international in der Behindertenrechtsbewegung genutzt wird, nutze ich hier den Begriff ›Inspiration Porn‹ und bin gespannt auf weitere Debatten für einen möglichen neuen Begriff. Um die Debatte rund um den Begriff zu betonen, schreibe ich diesen auch im weiteren Verlauf des Buches in Anführungszeichen.

Das Phänomen ist häufig in der Berichterstattung über behinderte Menschen zu beobachten, die in der Regel von Nichtbehinderten erfolgt, welche auch die Themen auswählen, in deren Zusammenhang über Menschen mit Behinderung berichtet wird. Über meine beiden Auslandssemester in Norditalien habe ich mehrere Artikel geschrieben, die interessanterweise noch mehr als sechs Jahre später zitiert werden. Die vielen weiteren meiner Meinung nach relevanteren Artikel über die Lebenswelten behinderter Menschen werden kaum zitiert. Ich habe diese Artikel verfasst, um Studierenden mit Behinderung Mut zu machen, zu zeigen, dass der Auslandstraum möglich ist. Lange vor meiner Bewerbung für ein Auslandssemester habe ich immer wieder gelesen, wie viele behinderten Studierende überredet wurden, sich nicht für ein Auslandssemester zu bewerben, weil das aus Versicherungsgründen nicht möglich oder zu gefährlich für sie wäre. Einige Nichtbehinderte nutzten meine Artikel allerdings als ›Inspiration Porn‹. Andere Beispiele in den Medien sind Berichte von durch einen Unfall gelähmten Menschen, die nach einem Unfall so lange üben, bis sie wieder gehen können. Es werden Aufnahmen von Hochzeiten behinderter Menschen geteilt und Berichte darüber geschrieben, wie rührselig das doch sei. Das stigmatisiert behinderte Menschen, denn es suggeriert, dass es für sie nicht möglich wäre, ein vollwertiges Leben zu führen oder die gleichen Dinge wie nichtbehinderte Menschen zu machen, wie beispielsweise zu Heiraten. Das passt nicht in die nichtbehinderte Normgesellschaft. Dabei gibt es unzählige verheiratete behinderte Menschen. Keine dieser Geschichten würde in der Öffentlichkeit geteilt werden, wenn es ein nichtbehinderter Mensch tun würde. Auch in Memes ist ›Inspiration Porn‹ sehr geläufig – mit Bildern von behinderten Kindern, die Sport machen, und der Überschrift »Die einzige Behinderung im Leben ist eine schlechte Einstellung« oder »Was ist deine Entschuldigung, morgens nicht aus dem Bett zu kommen?«. Sie erzählen Geschichten, in denen behinderte Menschen vermeintlich ihre Behinderung wie ein großes Wunder überwinden oder geheilt werden. Das verkennt die wahre Lebenswelt von Menschen mit Behinderung. Stella Young erklärt in ihrem TED-Talk:

> »Es wird die Lüge verbreitet, dass eine Behinderung etwas Schlechtes ist und mit einer Behinderung zu leben sei außergewöhnlich. Es ist nichts Schlechtes und nicht außergewöhnlich«[34]

Nichtbehinderte verstehen oft nicht, worin sie behinderte Menschen inspirierend finden dürfen. In meinem Fall ist das beispielsweise meine Arbeit als Journalistin oder auch die Erkenntnisse aus diesem Buch, aber *nicht,* dass ich jeden Tag mit meiner Behinderung aufstehe und mein Leben lebe. In meinem Freund*innenkreis ohne Behinderung bin ich auch nichts Besonderes, weil ich mit meiner Behinderung in Italien gelebt habe. Sondern vielmehr, weil ich überhaupt so viele Auslandserfahrung gesammelt habe, was meine nichtbehinderten Freund*innen aus verschiedenen Gründen nicht haben. Nichtbehinderte Menschen zeigen durch ›Inspiration Porn‹ noch etwas anderes gegenüber behinderten Menschen: Mitleid. Das ist bevormundend. Ihre Gefühle basieren auf Gedanken wie:

---

34 YouTube: Stella Young: Nein danke: Ich bin nicht Ihre Inspiration | YouTube, 2014, [YouTube] https://www.youtube.com/watch?v=KCqgErJbeXY, 02:49–03:05.

›Wow, wenn ich sehe, was du jeden Tag meisterst, kann ich über meine Probleme ja gar nicht klagen. Eigentlich ist mein Leben ja gar nicht so schlecht. Was die trotz Behinderung machen kann, kann ich schon lange.‹ Nichtbehinderte nutzen ›Inspiration Porn‹ für ihre eigene Motivation und gehen davon aus, dass ein behinderter Mensch extrem viele innere Barrieren hat, die er nur überwinden kann, wenn er es ganz massiv versucht. Vielmehr noch steht Behinderung aber für persönliches Unglück.

Pity[35] *Porn*

Diesen Begriff habe ich zum ersten Mal bei der US-amerikanischen Behindertenrechtsaktivistin und Autorin Emily Ladau gelesen und ich beobachte dieses Phänomen ebenso oft im Alltag und den deutschen Medien wie ›Inspiration Porn‹, da beide im Prinzip die gleichen Wurzeln haben und zusammenhängen. Gelingt es nicht, behinderte Menschen als Objekt der ›Inspiration‹ zu erklären, müssen sie für das ›Mitleid‹ herhalten. Ganz offensichtlich zeigt sich das schon bei der immer noch in den Medien sehr gängigen Floskel ›leidet an XY‹ oder eine Person sei ›an den Rollstuhl gefesselt‹. Ich nutze mein Rad wie einen Rollstuhl und hatte noch nie so viel Freiheit wie mit meinem Rad, das zu meinem Leben dazugehört und zu dem ich ein liebevolles Verhältnis habe. Ebenso geht es Rollstuhlfahrer*innen mit ihrem Rollstuhl. ›Pity Porn‹ ist besonders häufig an Weihnachten zu beobachten: bei den Spendensammlungen für Behinderteneinrichtungen oder vermeintlich stolzen Leuten, die Kerzen von Werkstätten für behinderte Menschen kaufen, weil es ja für einen guten Zweck wäre. Generell müssen behinderte Menschen in den Medien sehr oft zwei Stereotype bedienen: die ›Held*innen‹, die ihre Behinderung überwinden und sehr mitleiderregend sind, oder sie sind die ›Opfer‹ und deswegen ebenfalls mitleiderregend.

›Pity Porn‹ zeigt sich auch in Büchern und Filmen. In der Weltliteratur ist der kleine, gelähmte Tim aus *Eine Weihnachtsgeschichte* von Charles Dickens ein treffendes Beispiel. Der klei-

35 Pity ist das englische Wort für Mitleid.

ne, gelähmte Tim, der stellvertretend für die Armut, ausgelöst durch den Geiz der Reichen steht, soll Mitleid erregen und bedient als armer, behinderter Menschen gleichzeitig noch ein weiteres Stereotyp. Der Kinderliteraturklassiker *Heidi* zeichnet mit der Figur der Klara Sesemann ebenfalls das Bild eines hilfsbedürftigen, schwachen und einsamen, behinderten Menschen. Die gehbehinderte Klara wird von Heidi aus den Schweizer Bergen ›erlöst‹, indem sie in den Bergen wie durch ein Wunder laufen lernt. Ein weiteres Beispiel sind das Buch sowie dessen Verfilmung *Ein ganzes halbes Jahr* von Jojo Moyes. Die Hauptfigur Will wird als glücklicher und erfolgreicher nichtbehinderter Mann beschrieben, der nach einem Unfall querschnittsgelähmt ist. Er bemitleidet sich selbst und hasst sein Leben mit Behinderung. Trotz einer erfüllenden Liebe mit seiner Assistentin Louisa, die ihn mit seiner Behinderung liebt, lässt er sich nicht davon abhalten, assistierten Suizid zu begehen. Die Botschaft dahinter lautet: Es ist besser, tot zu sein als behindert.

Reduktion auf Dinge, die ein Mensch nicht kann

Nichtbehinderte betrachten mich in einem Raum, den sie für sich beanspruchen, nicht wie ihresgleichen. Sie entwickeln Vorstellungen über die Lebensaktivitäten behinderter Menschen und darüber, wo die Behinderung das Leben angeblich schlechter macht. Ich bin mir bewusst, dass der Eindruck, den ich beispielsweise als professionelle Leiterin eines Workshops mache, zählt und ich diesen einsetzen muss, um nicht auf das reduziert zu werden, was ich nicht machen kann, wie gut gehen. Mache ich kleine Fehler oder zufällige Fehlleistungen, werden diese gleich mit meiner Behinderung in Verbindung gebracht und als nicht vorhandene Fähigkeiten aufgrund meiner Behinderung gewertet. Dieser Eindruck bleibt, ich werde auf vermeintliche Unfähigkeiten reduziert, statt Launen und Gefühle im Moment wahrzunehmen. Die Informationen beziehungsweise Zeichen, die Nichtbehinderte dazu veranlassen, mich auf meine Behinderung und bestimmte Unfähigkeiten zu reduzieren, beschreibt Goffman als verkörpert. Das heißt sie werden durch körperlichen Ausdruck in der Gegenwart Nichtbehinderter vermittelt. Die Zeichen wirken wie Symbole. Stellvertretend für behinderte Menschen nutzt die nichtbehinderte Dominanzgesellschaft den Rollstuhl als Symbol. Das Symbol wird auch als Kennzeichen für Barrierefreiheit genutzt, wenn es gar nicht um Rollstuhlfahrer*innen geht. Das zeigt, womit die Dominanzgesellschaft Behinderung in Verbindung bringt. In vielen Medienberichten werden Hilfsmittel wie ein Rollstuhl in Stockbildern gezeigt, wenn es eigentlich um einen behinderten Menschen geht. Das reduziert Menschen mit Behinderung auf ein Hilfsmittel, macht sie zu einem Objekt. Ein Rollstuhl wird also zum Symbol für ein Stigma gemacht. Verhindern kann ich diesen ersten Eindruck nur bei einem Telefongespräch oder Videocall. Ansonsten versuche ich, die stigmatisierenden Symbole durch mein Verhalten wett zu machen, indem ich auf einen besonders eloquenten Sprachausdruck achte, mich modisch kleide und gezielt auf meine Bildungsabschlüsse eingehe. Teils sucht die Dominanzgesellschaft aber auch nach stigmatisierenden Erkennungszeichen, um auch unsichtbare Behinderung sichtbar zu machen. Dies geschieht bei blinden Menschen mit der Blindenbinde oder mit dem Schwerbehindertenausweis zur Regulation, wer Zugang zu Räumen bekommt.

> »Es ist möglich, dass Zeichen, die etwas Bestimmtes für eine Gruppe bedeuten, etwas anderes für eine andere Gruppe bedeuten, wobei die gleiche Kategorie bezeichnet, aber verschieden charakterisiert wird.«[36]

So beschreibt Goffman die Unterschiede zwischen Selbstbild und Fremdbildung von ›Behinderung‹. Ein Rollstuhl bedeutet beispielsweise für Nichtbehinderte in der Regel etwas Negatives, da sie damit eingeschränkte Mobilität verbinden und nicht

---

36 Goffman, Erving (2010): Stigma. Über Techniken der Bewältigung beschädigter Identitäten. Frankfurt am Main: suhrkamp, 61f.

spontan sein zu können, einen Fremdkörper. Das zeigt sich sprachlich insbesondere durch die bereits erwähnt Phrase ›an den Rollstuhl gefesselt sein‹. Völlig außer Acht gelassen wird, was Rollstuhlfahrer*innen über den Rollstuhl denken. Viele verbinden damit Stolz und eine kulturelle Identität, also Gruppenzugehörigkeit. Sie treiben mit ihrem Rollstuhl Sport, nehmen auch an sportlichen Veranstaltungen teil, leben einfach mit ihm und nicht gegen diesen. Ich selbst bezeichne mein Dreirad liebevoll als ›mein Rad‹. Es hat mich durch meine Schulzeit, Klassenfahrten, bei Nahostreisen bis in die Wüste gebracht und als ich meine Begeisterung für ein Leben in Italien gefunden habe, stets treu begleitet. Mein Rad ist ein Teil von mir, der für mich hochemotional ist – im positiven Sinne. Mit meinem Rad bin ich frei.

Aggressive Ablehnung und Entmenschlichung

Im deutschsprachigen Raum wird bei der Diskriminierung von Menschen mit Behinderung meistens von Behindertenfeindlichkeit gesprochen. Wie ich bereits erklärt habe, ist Behindertenfeindlichkeit aber nur ein Teil von Ableismus, worauf ich nun näher eingehe. Subtile, abschätzige Blicke und Äußerungen können sich auch in extrem ablehnenden Haltungen gegenüber behinderten Menschen zeigen. Im schlimmsten Fall auch verbunden mit körperlicher und psychischer Gewalt. Die Gründe dafür können sehr vielfältig sein. Als eine Erklärung wird angenommen, dass Nichtbehinderte sich nicht mit dem Fakt beschäftigen wollen, dass sie auch selbst eine Behinderung bekommen können. Also jederzeit selbst betroffen sein können. Das zeigt aktuell die Covid-19-Pandemie. Während viele Menschen irgendwann zu Beginn der Pandemie begriffen haben, dass dieser kleine Virus jede Person sogar töten kann, leugneten andere von Anfang an, dass es überhaupt eine Pandemie mit Millionen Toten und schwerkranken Menschen auf den Intensivstationen gäbe. Wenige Monate später kamen die ersten Berichte über Long Covid, eine Erkrankung, die von Coronaleugner*innen bis heute ebenso geleugnet wird. Die nichtbehinderte, vermeintlich ›gesunde‹ Dominanzgesellschaft musste in den letzten drei Jahren feststellen, dass sie doch nicht so unverwundbar ist, wie sie dachte, und jederzeit durch eine neue Krankheit sterben oder behindert werden kann. Daraus resultiert, dass viele sich und andere seit der Impfstoffverabreichung nicht mehr vor einer Covid-19-Infektion schützen, obwohl sie nach einer Durchbruchinfektion ebenso Long Covid bekommen könnten.

Auf der anderen Seite wurde eine ›Risikogruppe‹, also Menschen, auf die sich eine Infektion mit der Viruserkrankung besonders gefährlich auswirken würde oder die besonders anfällig für eine Infektion sind, konstruiert. ›Risikogruppe‹ ist hier ein zweischneidiger Begriff, da die Frage offenbleibt, ob die vulnerablen Gruppen als Personen wahrgenommen werden, die ein höheres Risiko haben, schwer an Covid-19 zu erkranken, oder ob die nichtbehinderte Dominanzgesellschaft sie als Risiko für ihre Freiheiten während der Pandemie ansieht. Mehrfach habe ich mit jungen Leuten aus der sogenannten Risikogruppe gesprochen, die auf Social Media beschimpft wurden, denen wortwörtlich gesagt wurde, dass ihr Leben weniger wert sei und sie für die Lockdowns mit beschränkter Bewegungsfreiheit und die Pleiten sämtlicher Geschäfte und Kneipen verantwortlich seien – statt des neuartigen Virus, der weltweite Massengräber und kollabierende Gesundheitssysteme zur Folge hatte. Öffentliche Diskussionen, ob sich eine Behinderung im Falle einer Triage[37]-Situation negativ

37 Triage: »[Beschreibt […] ein[en] Begriff aus der Militärmedizin und bezeichnet die Einteilung der Verletzten (bei einer Katastrophe bzw. nach einem Angriff im Krieg) nach der Schwere der Verletzungen. Unterschieden werden häufig leichte, mittlere und schwere Fälle; als prädestiniert gelten die mittleren Fälle, und zwar deshalb, weil die leichten auch ohne medizinische Versorgung überleben werden und die schweren hoffnungslos sind oder zu viele Ressourcen beanspruchen.« Zu Beginn der Covid-19-Pandemie haben Anfang 2020 medizinische Vereinigungen Empfehlungen zur Behandlung von Covid-19-Erkrankten anhand des Triage-Prinzips verfasst. Die Deutsche Interdisziplinäre Vereinigung für Intensiv- und Notfallmedizin (DIVI) und der Deutsche Ethikrat haben hier die Heilungschancen als Kriterium in den Vordergrund gerückt. Dies entspricht der Denkweise

auswirken sollte, blieben von Nichtbehinderten größtenteils unkommentiert oder wurden zustimmend beantwortet.[38] Behinderte und chronisch kranke Menschen wurden zum Ablassventil für die Aggressionen der Dominanzgesellschaft, die in diesen Menschen eine größere Gefährdung für ihre Freiheit sah als im Tod durch die Viruserkrankung.

Diese Ansichten sind tief verbunden mit ableistischen Ideologien wie Eugenik und Sozialdarwinismus, die den Wert eines Menschen anhand einer vermeintlich guten oder schlechten Genetik festmachen und diese gezielt steuern wollen. Dazu gehört auch das Sterbenlassen von vermeintlich ›schlechten Genen‹. Dies ist zutiefst entmenschlichend. In der Psychologie gibt es den Grundsatz, dass Sprache, Selbstreflexion und Unabhängigkeit Fähigkeiten sind, die den Menschen von den Tieren abheben. Audismus, worüber ich im ersten Teil dieses Buches bereits gesprochen habe, knüpft direkt an das Konzept, welches von von Harlan L. Lane beschrieben wurde, an. Hören als Norm des Menschseins und essenziellen Bestandteil für Kommunikation und menschliche Identität anzusehen, entmenschlicht taube Menschen, die über Gebärdensprachen kommunizieren. Die US-amerikanische Amerikanistin Brenda Brueggemann, welche zu Audismus publiziert, beschreibt es folgendermaßen:

> »Sprache ist menschlich; Sprechen ist Sprache; deshalb sind taube Menschen unmenschlich und Taubheit ist ein Problem.«[39]

---

des Triage-Prinzips. Entscheidungen bei knappen Ressourcen sollen einstimmig unabhängig von sozialem Status, Herkunft, Alter, Geschlecht oder Behinderung getroffen werden. Vgl. Prof. Dr. Bendel, Oliver https://wirtschaftslexikon.gabler.de/definition/triage-122418 (16.08.2022).

38 Behinderte Menschen stellten die Anti-Diskriminierung der Leitlinien der DIVI infrage und daraufhin reichten neun behinderte Menschen im Juni 2020 eine Verfassungsbeschwerde beim Bundesverfassungsgericht ein. Am 16. Dezember 2021 gab das Bundesverfassungsgericht den Beschwerdesteller*innen Recht und wies die Bundespolitik an, die Anti-Diskriminierung und den Schutz behinderter Menschen in einem Triage-Gesetz zu regeln. Vgl. https://abilitywatch.de/menschistmensch/ (16.08.2022).

39 L. Bauman, H-Dirksen: audism. https://www.britannica.com/topic/audism (31.03.2022).

Die Neurolinguistik hat bewiesen: Jeder Mensch ist fähig zu kommunizieren – durch Lautsprache, Gebärdensprache oder geschriebene Sprache. Lautsprache ist nicht die einzige Sprachfolge der Menschheit. Inzwischen ist die Anerkennung von Gebärdensprachen als Minderheitensprachen ein Menschenrechtsthema geworden. Zusätzlich gibt es Wege der Kommunikation über Talker, Bilder, Symbole oder auch über Kunst. Besonders hervorzugeben ist hier die US-amerikanische Künstlerin Clara Woods. Vor ihrer Geburt hatte sie einen Schlaganfall und kann nicht in Lautsprache kommunizieren, lesen oder schreiben, versteht aber Englisch, Portugiesisch und Italiensch in Lautsprache. Sie kann ebenso teilweise in der US-amerikanischen und italienischen Gebärdesprache sprechen. Ihr wichtigstes Mittel der Kommunikation sind ihre Kunstwerke. Mit 17 Jahren hat sie bereits weltweit über 700 Werke verkauft und machte bereits 30 Ausstellungen auf drei Kontinenten. Gerade ihr noch sehr junges Lebenswerk zeigt, dass alle Menschen kommunizieren können, wenn wir sie ernst nehmen, Mittel an die Hand geben und mit Respekt behandeln.

All die oben angesprochenen Fähigkeiten werden behinderten Menschen – wie auch am Beispiel Audismus aufgezeigt – in verschiedenem Ausmaß abgesprochen, letztlich sogar die Menschlichkeit. Studien besagen, jeder Mensch wird im Laufe des Lebens eine Behinderung erwerben. Die meisten Menschen im Alter. Diese Realität verdrängt die Dominanzgesellschaft ebenso wie das Altern an sich.

Das höchste Ausmaß an Sozialdarwinismus sind die Morde und Zwangssterilisationen an behinderten und kranken Menschen während des Nationalsozialismus, die in Deutschland nie gesellschaftlich aufgearbeitet wurden. Umso wichtiger ist es, darauf hinzuweisen, wie tief diese Glaubenssätze bis heute in der Dominanzgesellschaft, auch völlig fernab der Pandemie, verankert sind. Im April 2021 wurden vier Menschen in einer Behinderteneinrichtung in Potsdam ermordet. In den deutschen Medien kam die fragwürdige und höchst unreflektierte Frage auf, ob es überhaupt Mord gewesen sein könnte, wenn vier schlafenden Menschen von ihrer Betreuerin die Kehlen aufgeschlitzt wurden, oder ob die Pflegerin die Menschen nicht doch nur ›erlösen‹ wollte.[40] Im weiteren Verlauf der Debatte kamen die Behinderteneinrichtung und Pflegekräfte zu Wort, aber nicht die behinderten Menschen der Einrichtung, welche Freund*innen verloren hatten. Dies ist nicht nur bevormundend, sondern gibt dem Personal der Einrichtung eine Plattform nach diesen Morden auch noch für ihre Einrichtung zu werben. Im Nachgang gab es nur von wenigen Medien wie *Übermedien, Die Neue Norm* oder *Edition F* Artikel, in denen Journalist*innen die höchst zweifelhafte ›Erlösungsthese‹ infrage stellten und die eigene Branche kritisierten oder behinderte Menschen gar selbst Artikel verfassten und die Lage einordneten. Die ›Erlösungs‹-Denkweise habe ich auch selbst schon erleben müssen. Als ich zum ersten Mal zu einer Tagung fuhr, um zu lernen, wie ich selbst Workshops zu diskriminierungsfreier Sprache über Behinderung leiten kann, kommentierte eine Hotelangestellte, während sie mir half, meinen Rucksack zu tragen: »Alle Achtung, wie Sie das hinbekommen. Ich hätte mir da schon längst die Kugel gegeben«. Völlig perplex wusste ich in dem Moment nicht, was ich darauf sagen sollte, ebenso wenig die Hotelleiterin, der ich diesen Vorfall meldete, oder meine Chefin, die ich bei einem Workshop begleitete. Dieses Erlebnis hat sich tief in mir eingebrannt und gezeigt, wie wichtig der Umgang mit Sprache in Bezug auf Behinderung ist. Nicht zuletzt, seitdem vier behinderte Menschen in der Behinderteneinrichtung in Potsdam in ihrem eigenen Zuhause ermordet wurden.

Abschottung von der Außenwelt

Die Aggressionen gegen behinderte Menschen sind tief mit der Abschottung von der Außenwelt verbunden. Wie viele behinderte Menschen, habe ich verschiedene Phasen im Umgang mit

---

40 vgl. Krauthausen, Raul https://dieneuenorm.de/gesellschaft/vier-menschen-sind-tot-der-ableismus-lebt/ (31.03.2022).

meiner Behinderung durchlaufen und bin je nach Raum und Situation unterschiedlich damit umgegangen. Wie ich bereits in Bezug auf räumliche Stigmatisierung beschrieben habe, schotten mich Barrieren wie Treppenstufen von der Außenwelt ab, ebenso die verhaltenen Reaktionen, wenn ich den Raum trotzdem betrete. Bei jeder dieser Begegnungen lernte ich von Kindesbeinen an, immer mehr zu erkennen, was es für die nichtbehinderte Dominanzgesellschaft bedeutet, eine ›Behinderung‹ zu haben und welche Konsequenzen das für meine Lebenswelt hat. Ich habe mich, seit ich denken kann, immer als ›normal‹ betrachtet und mich auf Bildern in der Grundschule so gemalt wie meine nichtbehinderten Klassenkamerad*innen, da ich mich nicht anders fühlte. Das änderte sich erst in der dritten Klasse, als ich eine neue Klassenlehrerin bekam und somit auch ein neues Klassenzimmer im ersten Stock, in einer Schule ohne Aufzug. Meine Eltern baten um einen Klassenzimmertausch, meine Lehrkräfte meinten hingegen, ich sollte doch besser auf eine Förderschule für Körperbehinderte wechseln, da sie für das Unterrichten eines körperbehinderten Kindes wie mich nicht ausgebildet seien. Den Prozess, wie behinderte Kinder im Schulsystem abgesondert werden, beschreibt Goffman folgendermaßen.

> »So wird der Schuleintritt häufig als Anlass für das Erlernen von Stigmata genannt, wobei die Erfahrung manchmal schon am ersten Schultag mit Spott, Hänseleien, Ausgrenzung und Raufereien beginnt. Interessanterweise ist es umso wahrscheinlicher, dass ein Kind, je mehr es ›behindert‹ ist, auf eine Sonderschule für Menschen seiner Art geschickt wird, und umso abrupter wird es mit der Meinung konfrontiert, die die Öffentlichkeit von ihm hat. Man wird ihm sagen, dass es unter ›seinesgleichen‹ besser aufgehoben ist, und es wird lernen, dass das Eigene, das es zu besitzen und zu sein glaubte, das Falsche war, und dass dieses weniger Eigene wirklich sein wahres Ich ist.«[41]

---

41 Goffman, Erving 1963: Stigma. Notes on the Management of Spoiled Identity, 46f.

Seit 2009 ist ›inklusive Bildung‹ in Deutschland in aller Munde, aber nach wie vor besuchen die meisten behinderten Schüler*innen Förderschulen. Von Kritiker*innen wie mir werden diese als ›Schonraumfalle‹ bezeichnet, da in dieser Schulform grundlegende Bildungsdiskriminierung stattfindet. Das Abitur ist an den Förderschulen nicht vorgesehen, was zum einen auf die Zuschreibung hinweist, behinderte Menschen könnten weniger Leistung erbringen, aber gleichzeitig Menschen mit Behinderung von den höheren Bildungsformen wie den Hochschulen abschottet. Zum anderen führen nicht alle Förderschulen zu einem Schulabschluss, wodurch der Weg nach der Förderschule direkt in die Werkstätten für behinderte Menschen und somit zu noch mehr Abschottung von der Außenwelt führt und kaum Chancen auf den ersten Arbeitsmarkt bestehen.

Laut dem Verband *barrierefrei bauen* sind nur 2% aller Wohnungen und Einfamilienhäuser in Deutschland barrierefrei. Daher ist es ebenso schwer, überhaupt barrierefreien Wohnraum, der auch noch bezahlbar ist, zu finden. Dies hängt mit der Ansicht der Dominanzgesellschaft zusammen, behinderte Menschen würden alle in Behinderteneinrichtungen leben.

Als Begründung behaupten Verwaltungen, Institutionen und vermeintliche Expert*innen, behinderte Menschen müssten vor Diskriminierung geschützt werden, indem sie abgeschottet von Nichtbehinderten lebten. Dies wird als ›Schonraum‹ bezeichnet. Es ist sehr absurd zu denken, Nichtbehinderte könnten ihre abwertenden Denk- und Handlungsmuster über behinderte Menschen ablegen, wenn sie mit diesen im Alltagsleben nie in Kontakt treten können. Ebenso können behinderte Menschen auf diese Weise keine Strategien entwickeln, um sich in der Welt voller Barrieren und Diskriminierung zu behaupten und dem Ableismus entgegentreten zu können. Bleiben sie im Schonraum, leben sie auch in einer ableistischen Welt – im Gegensatz zur realen Welt mit noch weniger Handlungsmöglichkeiten und keiner Wahl, wie sie ihr Leben gestalten möchten. Ableismus verschwindet nicht, wenn man Menschen mit Behinderung einsperrt, sondern ist Teil des diskriminierenden Systems und macht behinderte Menschen erst recht finanziell und emotional von Nichtbehinderten in jeder Lebenssituation abhängig.

Ignoranz der Lebenswelt und Erfahrungen behinderter Menschen

Ich komme wieder zurück auf den Raum, den ich als behinderter Mensch, wider Erwarten der Nichtbehinderten, betreten habe und in dessen Ecke ich neben der Garderobe sitze. Mein Rad musste ich diesmal mit sehr großem Unbehagen, da es gestohlen werden könnte, bei der Treppe stehen lassen, weil sich keine*r der Nichtbehinderten bereit erklärt hat, dieses für mich reinzutragen. Damit zeigen sie mir, dass ich nicht in ihren Raum eindringen soll. Dementsprechend richten sich nicht einmal verhaltene Blicke auf mich, ich werde durchgehend ignoriert und in Gesprächen übergangen. Das ist ja recht einfach bei einer kleinwüchsigen Frau unter lauter durchschnittlich großen Menschen. Ignoranz ist ein weitere Art, ableistisch zu handeln und zu denken. Diese kann sich äußern, indem Nichtbehinderte den Kontakt zu behinderten Menschen wie mir meiden oder mir absprechen, diskriminierende Erfahrungen z.B. aufgrund fehlender Barrierefreiheit im Alltagsleben zu machen.

Ignoranz äußert sich auch in sozialen Situationen wie in Momenten des Kennenlernens, in denen immer den behinderten Menschen die Verantwortung zugeschrieben wird: Menschen mit Behinderung sollen nachsichtig mit dem Unverständnis der Nichtbehinderten sein oder wenn diese diskriminierende Sprache verwenden. Sie wüssten es ja nicht besser. Beschweren sich Menschen mit Behinderung darüber, sind sie die ›Angry Cripples‹: aggressiv, unhöflich, zu laut und unbequem. Dieses Verhalten der Nichtbehinderten nennt sich *Tone Policing*[42]

42 Tone Policing (aus dem Englischen) bedeutet so viel wie ›Tonpolizei‹, ist ein Taktik, die darauf basiert, eine Person dafür zu kritisieren, ihr Emotionen, laut/gekränkt/ oder überhaupt, auszudrücken.

und Goffman beschreibt es schon in seinem Grundlagenwerk, bevor der Begriff überhaupt entstanden ist. Menschen mit Behinderung sollen sich demnach ›heiter‹ geben, da auch Nichtbehinderte ihre Sorgen haben, statt als die angeblich verbitterten ›Angry Cripples‹ aufzutreten. Nichtbehinderte würden nicht mit Absicht diskriminieren, das wäre nur Unbeholfenheit. Daher sollten behinderte Menschen ihnen taktvoll helfen, zu lernen, mit Menschen mit Behinderung umzugehen.

> »Das stigmatisierte Individuum sollte sich bemühen, den Normalen verständnisvoll umzuerziehen, ihm Punkt für Punkt gelassen und mit Feingefühl zeigen, dass das stigmatisierte Individuum trotz des Anscheins im Grunde ein vollkommen menschliches Wesen ist.«[43]

Ebenso sei es die Aufgabe behinderter Menschen beim ersten Kennenlernen ›den Elefanten im Raum‹ selbst anzusprechen und über ihre Behinderung zu sprechen, damit dieses Thema vom Tisch ist. Die Hilfe von Nichtbehinderten sollte angenommen werden und Menschen mit Behinderung werden angehalten auch noch so zu tun, als ob sie diese wirklich bräuchten, um Nichtbehinderten ein positives Gefühl zu geben. Ebenso sollten behinderte Menschen Nichtbehinderte nicht verbessern, wenn diese diskriminierende Sprachbilder verwenden. Dieses Verhalten von Menschen mit Behinderung zu erwarten, ist ableistisch und stark verbunden mit internalisiertem Ableismus, auf den ich im dritten Teil meines Buches noch näher eingehe.

Wenn eine Person einer anderen Person Diskriminierungserfahrungen abspricht nennt sich das *Gaslighting*.[44] Das ist eine Form von psychischer Gewalt, bei der die Opfer so oft belogen und eingeschüchtert werden, dass sie an dem Erlebten und den eigenen Gedanken zweifeln. Dies trifft insbesondere mehrheitlich benachteiligte Menschen und somit auch behinderte Menschen.

---

43 Goffman, Erving (2010): Stigma. Über Techniken der Bewältigung beschädigter Identitäten. Frankfurt am Main: suhrkamp, 145.

44 vgl. E Liz, Vanessa https://thegec.org/blog/2021/4/8/the-realities-of-gaslighting-when-you-have-a-disability (31.03.2022).

Das liegt nicht nur daran, dass Nichtbehinderte kaum behinderte Menschen in ihrem Alltag erleben, sondern auch daran, dass sie an Menschen mit Behinderung und ihre Verhaltens- und Reaktionsweisen andere Erwartungen haben als an Nichtbehinderte. Sie grenzen sich von Menschen mit Behinderung ab und sind überzeugt, dass behinderte Menschen grundsätzliche Verhaltensregeln und eine angemessene Behandlung nicht einfordern können. Oder sie erwarten von ihnen Verhaltens- und Handlungsweisen, die sie selbst nicht an den Tag legen, wie beispielsweise überschwängliches Bedanken für Kleinigkeiten, Verständnis für den Ausschluss aus einer Gruppe oder kleine Geschenke für Hilfestellungen. All dies habe ich erlebt und erst Jahre später verstanden, welche psychische Gewalt dahintersteckt. Benennen konnte ich das Gefühl lange nicht, weil es kaum in gesellschaftlichen Debatten angesprochen wird, vor allem nicht in Bezug auf Menschen mit Behinderung. Besonders oft wird Menschen mit einer unsichtbaren Behinderung abgesprochen, überhaupt eine Behinderung zu haben. Damit verbunden ist auch das sogenannte *Victim Blaming*[45], das Lela Finkbeiner in der Kolumne *Selber Schuld* in *Die Neue Norm* wie folgt definiert:

> »Im Prinzip umfasst der Begriff aber sämtliche Strategien der Täter*innen-Opfer-Umkehr. Victim Blaming richtet sich gezielt gegen Frauen*/Mädchen* und marginalisierte Menschen. Strategien des Victim Blamings führen zu einem massiven psychischen bis traumatisierenden Einschnitt. Das Konzept des Victim Blamings ist in unserer Gesellschaft verfestigt, sodass wir nicht selten Täter*innen-Opfer-Umkehr unterbewusst ausüben.«[46]

Beschreiben behinderte Menschen beispielsweise, wie schwierig es für sie ist, Arbeit auf dem Ersten Arbeitsmarkt zu finden, wird ihnen entgegengehalten, sie sollten in eine Werkstatt für behinderte Menschen gehen. Du wirst in der Regelschule wegen

---

45 Victim Blaming bedeutet auf Englisch Opferbeschuldigung.

46 Finkbeiner, Lela https://dieneuenorm.de/kolumne/selber-schuld/ (31.03.2022).

deiner Behinderung diskriminiert? – Selbst Schuld, geh doch an eine Förderschule.

Fallen behinderte Menschen aus dem Verhaltens- und Handlungsmuster, das Nichtbehinderte von ihnen erwarten und wehren sich gegen Ableismus, machen sie damit gesellschaftliche Ungerechtigkeiten sichtbar, so Lela Finkbeiner weiter. Um sich nicht weiter damit beschäftigen zu müssen, welche Rolle sie als Nichtbehinderte dabei spielen, machen sie behinderte Menschen einfach selbst für Ableismus verantwortlich. Sie würden sich außerhalb des Raumes bewegen, der für sie vorgesehen ist. Das ist die Ignoranz, die sich weigert, die Lebenswelten behinderter Menschen und Ableismus als Diskriminierung anzuerkennen.

Überbetonung, Bewunderung

Über die vermeintliche ›Inspiration‹ durch behinderte Menschen haben wir bereits gesprochen. Neben ›Inspiration Porn‹ nehmen Menschen mit Behinderung – sollten sie in einem Raum besonders willkommen sein – oftmals eine weitere sehr problematische Rolle ein. Um sich als besonders sozial, überlegen, engagiert, modern und frisch zu geben, ist *Diversity Washing*[47] voll im Trend. Das geschieht neben meist queeren Personen oder People of Color auch immer mehr mit Menschen mit Behinderung, was ich als *Abled Washing* bezeichne. Dass Unternehmen auf ihren Werbeplakaten gezielt Menschen mit Behinderung in den Vordergrund rücken, muss nicht zwangsläufig auf eine Normalisierung im Umgang mit Menschen mit Behinderung hindeuten, sondern es kann sich auch um eine spezielle Werbestrategie handeln. Arbeitet in einem Unternehmen nur eine Person mit Behinderung, die regelmäßig für die internen Inklusionskampagnen und ein inklusiv erscheinendes Außenbild herhalten muss, wird die Person zur Symbolfigur,

47 Diversity Washing bedeutet, dass bewusst der falscher Eindruck von einer großen Vielfalt im Unternehmen vermittelt wird.

einem sogenannten Token. Während meines Studiums wollte mich der Kirchgemeinderat der Hochschulgemeinde unbedingt als Mitglied haben und forderte mich mehrfach auf, mich zur Wahl zu stellen, obwohl ich niemals in den Gottesdienst ging oder sonst durch irgendeinen kirchlichen Bezug aufgefallen bin. Da ich mich stark sozial und politisch an der Universität engagierte, nahm ich dennoch an, man würde sich für mich als Person und meine Ideen interessieren. Letztendlich wurde ich gewählt und musste sehr enttäuscht feststellen, dass die Leute dort sogar regelrecht Angst hatten, wie sie mit behinderten Menschen sprechen sollten, und auch nicht bereit waren, ihre Räumlichkeiten barrierefrei zu gestalten. Ich war nur als *Token* willkommen, weil es auf dem Papier gut aussah, einen behinderten Menschen im Team zu haben.

3. Auswirkungen von Ableismus im Alltag

Internalisierter Ableismus und gesellschaftliche Erwartungen an behinderte Menschen

> »Für behinderte Menschen in dieser Gesellschaft ist Ableismus so allgegenwärtig und umfassend, dass viele von ihnen Schwierigkeiten haben, derartige Strukturen überhaupt zu erkennen.«[48]

So beschreibt Tanja Kollodzieyski in ihrem Essay internalisierten Ableismus. Auf ihrem Twitter-Account @Rollifräulein reflektiert sie öffentlich ihren Prozess, den eigenen internalisierten, also verinnerlichten, Ableismus zu überwinden. Auch behinderte Menschen haben ableistische Denk- und Handlungsmuster – aus verschiedensten Gründen. Zum einen werden sie, auch wenn ihnen die nichtbehinderte Dominanzgesellschaft dies oft abspricht (*Gaslighting*), in der ableistisch geprägten Gesellschaft sozialisiert. Das heißt, sie wachsen umgeben von Glaubenssätzen und Handlungsmustern auf, die behaupten, dass eine Behinderung etwas Schlechtes sei, das es zu überwinden gilt.

> »Die Erfahrung, von Anfang an durch Barrieren, enge Normierungen und Vorurteile ausgeschlossen zu werden, lässt Ableismus als etwas Natürliches wirken, als etwas, das so sein muss, als etwas, das Berechtigung hat.«[49]

Fehlende Barrierefreiheit und der Zwang, individuelle Methoden finden zu müssen, um diese eigenständig zu überwinden, sind der Normalzustand für behinderte Menschen und auch für mich, sodass ich darüber oftmals gar nicht weiter nachdenke. Auch ich habe lange Zeit nicht über machtkritische Sprache nachgedacht und hätte einmal aus reiner Gewohnheit selbst

48 Kollodzieyski, Tanja: Ableismus, Berlin 2020, S. 7.
49 Ebd., S. 7.

fast geschrieben, ich würde an meiner Behinderung ›leiden‹, weil ich diese Phrase nicht infrage gestellt hatte. Da es sich merkwürdig anfühlte und mir unwohl dabei war, dieses Wort für einen Bericht im Zusammenhang mit meiner Nahost-Reise, die ja nicht gerade Bilder des ›Leidens‹ hervorruft, zu verwenden, habe ich einen anderen Begriff gewählt. Da ich mich nach acht Jahren immer noch daran erinnere, war dies wahrscheinlich der Schlüsselmoment, ab dem ich begann, mir über Sprache im Zusammenhang mit meiner Person Gedanken zu machen.

Auch Goffman hat diese Situationen beschrieben. Menschen mit Behinderung sehen sich selbst nicht als ›die Anderen‹, sondern als vollwertigen, normalen Menschen und empfinden daher das Verhalten der Nichtbehinderten ihnen gegenüber als unmenschlich und sehen keinen Grund, warum sie für ihre Behinderung Reue zeigen sollten. Die behinderten Menschen nehmen aber wahr, dass die Nichtbehinderten sie nicht akzeptieren und nicht bereit sind, ihnen auf Augenhöhe zu begegnen. Gleichzeitig wissen Menschen mit Behinderung, welche Standards in der Dominanzgesellschaft vorherrschen, und begreifen, dass diese Behinderung als ein Stigma zu verstehen ist, das schädlich ist und auf das man gerne verzichten kann. Das löst Scham aus. Behinderte Menschen verinnerlichen diese Fremdsicht, was wiederum zu Selbsthass und Selbsterniedrigung führt. Zum anderen sind Menschen mit Behinderung in allen Lebenssituationen und -räumen gesellschaftlichen Bewertungen ausgesetzt, die sich auf das Selbstbild und die Identität behinderter Menschen auswirken. Ein Problem ist, dass behinderte Menschen sich untereinander schwerer vernetzen können, da sie in ihrem Umfeld, sofern sie nicht in einer Behinderteneinrichtung leben, meist die einzigen behinderten Menschen sind. Es ist schwer, Gruppen zu finden, in denen sie nicht die einzige behinderte Person sind; das gilt auch für die eigene Familie. Für Menschen mit unsichtbarer Behinderung ist es besonders schwer, einen Raum für sich zu finden. Diskriminierung schmerzt und fehlende Vorbilder verunsichern, ob die Nichtbehinderten mit ihren

Einschätzungen, behinderte Menschen wären weniger wert, nicht doch Recht hätten. So übernehmen und internalisieren Menschen mit Behinderung die ableistischen Fremdbilder in ihr Selbstbild und Selbstwertgefühl.

> »Behinderte Menschen, die glauben, eine Belastung zu sein, stellen keine oder wenige Ansprüche und Bedingungen. Stattdessen sind sie dankbar über jede Form von positiver Aufmerksamkeit – oder auch: sauber, satt und still.«[50]

Diese Eigenschaften werden behinderten Menschen durch die Dominanzgesellschaft zugeschrieben und gleichzeitig durch diese erst hervorgebracht. Hinter der Behinderung verschwinden zunächst alle anderen Merkmale oder Rollen, welche die Persönlichkeit der Person betreffen. Um dies zu ändern und überhaupt gesehen und anerkannt zu werden, müssen behinderte Menschen enorme Anstrengungen auf sich nehmen und mehr als Nichtbehinderte leisten. Das kann so weit führen, dass sich behinderte Menschen beispielsweise übermäßig auf Bildungsabschlüsse und die Karriere fokussieren, überhöhte Ansprüche an ihr äußeres Erscheinungsbild in Sachen Kleidung und Kosmetik haben und versuchen, jeden Punkt ihres Lebens zu optimieren, um die Behinderung als vermeintlichen Makel auszugleichen. Im schlimmsten Fall führt das zum Burnout.

Auf der anderen Seite kann das Wissen behinderter Menschen, von Nichtbehinderten als weniger leistungsfähig wahrgenommen zu werden, auch dazu führen, dass sie Angst haben zu versagen und dies auf ihre Behinderung zurückführen. Ganz nach dem Motto: Mehr haben wir von dir eh nicht erwartet. Daraus resultiert oftmals, dass die Leistungen unter diesem Druck tatsächlich schlechter werden, da zu viel Leistungsdruck gegen sich selbst meist nicht zu guten Ergebnissen führt, weil er das Gehirn blockiert. Alternativ kann das auch dazu führen, dass Menschen mit Behinderung solche Leistungssituationen meiden oder weniger Anstrengungen aufwenden, womit wieder

---

50 Kollodzieyski, Tanja: Ableismus, Berlin 2020, S. 8.

das Fremdbild Nichtbehinderter bestätigt wird. Bisher muss hier auf Forschung über die ebenfalls marginalisierten Gruppen der Schwarzen Menschen oder People of Color zurückgegriffen werden, da über die Auswirkungen von Leistungsstereotypen bei Menschen mit Behinderung noch nicht viel Forschung betrieben wurde. Es wird aber angenommen, dass die Auswirkungen ähnlich sind. Die Auswirkungen von Stigmatisierung auf die Gesundheit sind enorm. So sind die Raten von psychischen Problemen und Erkrankungen wie Depressionen, Angststörungen oder Burnouts höher als in der Durchschnittbevölkerung. Ständiger Stress, den Stigmatisierung auslöst, erhöht das Risiko, Bluthochdruck zu bekommen oder einen Herzinfarkt zu erleiden. Dementsprechend ist es überlebenswichtig, Strategien zu entwickeln, um mit den Diskriminierungen umzugehen, und hier kommt internalisierter Ableismus mit ins Spiel. Sehr lange wurde angenommen, dass stigmatisierte Menschen immer ein schlechteres Selbstbewusstsein entwickeln würden, wenn sie soziale Herabsetzung erfahren. Dies passiert insbesondere bei internalisiertem Ableismus. Eine Form davon ist, andere Menschen mit Behinderung, die eine noch niedrigere gesellschaftliche Stellung haben oder stärkere oder auffälligere Formen der Behinderung aufweisen, abzuwerten. So kann es durchaus passieren, dass Menschen mit ähnlichen Behinderungen, aber verschiedener Stärke, sich über einander lustig machen. Dies ist mir als gehbehinderte Frau, die ich ein bisschen gehen kann, aber nicht gut genug, um das Haus zu verlassen, aber ebenso nicht kräftig genug in den Armen bin, um einen manuellen Rollstuhl selbstständig fortzubewegen, unter Rollstuhlfahrer*innen auch schon passiert. Oder sie beziehen diskriminierende Faktoren mit in ihre Bewertung ein, was die Diskriminierung allerdings nicht auflöst, sondern nur bedeutet, dass sie das ›Leben mit Diskriminierung‹ akzeptieren. Dazu gehört auch, sich nur noch auf Tätigkeiten zu konzentrieren, bei denen die Dominanzgesellschaft ihnen positive Fähigkeiten zuschreibt. Denn so wird die Zuschreibung von Eigenschaften, die Menschen mit einer bestimmten Behinderung angeblich haben sollen, nur noch bestärkt, bestätigt und verfestigt. Ein anderes Vorgehen ist, gezielt Verhaltensweisen zu zeigen, die Nichtbehinderte an behinderten Menschen cool finden, wie bissige Kommentare über sich selbst oder Behindertenwitze zu machen. Behinderte Menschen machen sich hier gezielt vor Nichtbehinderten lächerlich, um die Stimmung zu lockern. Sie spielen selbst diskriminierende Begriffe herunter, um Ansehen bei Nichtbehinderten zu gewinnen. Das soll Lockerheit und Umgänglichkeit vermitteln.

Auch ich wende diese Technik immer wieder an und bin etwas zwiegespalten, wo die Grenzen zwischen Ableismus von Nichtbehinderten und internalisiertem Ableismus zu verschwimmen beginnen, da dies auch eine wichtige soziale Strategie behinderter Menschen ist: Wie gehe ich in der Kommunikation mit meiner Umwelt mit den Informationen rund um meine Behinderung um? Welche lasse ich im Hintergrund, welche erzähle ich gezielt?

> »Für [...] [ihn] kann das Problem jedoch ein ganz anderes sein; es besteht nicht darin, dass er mit Vorurteilen gegen sich selbst konfrontiert ist, sondern eher darin, dass er mit der unwissentlichen Akzeptanz seiner Person durch Personen konfrontiert ist, die Vorurteile gegen Personen haben, als die er sich entpuppen könnte.«[51]

Goffman beschreibt hier schon Anfang der Sechziger-Jahre die Grenzen zwischen internalisiertem Ableismus und Ableismus von Nichtbehinderten sehr treffend. Halte ich gezielt Informationen über meine Behinderung zurück, die einen Teil meiner Identität darstellt, kann das zu einer Akzeptanz unter Nichtbehinderten unter falschen Voraussetzungen führen. Daher überlegen behinderte Menschen jedes Mal, wenn sie neue Menschen kennenlernen, welche Informationen über ihre Behinderung sie direkt offenlegen und welche sie erst im weiteren Verlauf des

51 Goffman, Erving 1963: Stigma. Notes on the Management of Spoiled Identity, 57.

Kennenlernens offenbaren. Was alle Menschen über die Identität eines Menschen mit Behinderung jederzeit wahrnehmen können, bezieht sich auf die jeweilige Situation. Während ich als gehbehinderte und kleinwüchsige Frau auf bauliche Barrierefreiheit bei einer Konferenz angewiesen bin, brauchen gehörlose Menschen eine Gebärdensprachdolmetschung. Dies bestimmt somit, wer Zutritt zu einem Raum hat und wer nicht.

Das hat eine große Bedeutung für den weiteren Verlauf von sozialen Kontakten, da nicht alle Nichtbehinderten bereit sind, den Raum für behinderte Menschen zu öffnen und beispielsweise barrierefreie Treffpunkte zu suchen. Spielt die stigmatisierte Eigenschaft in einer Situation eine Rolle, wird die gesamte Aufmerksamkeit darauf gelenkt. Diesbezüglich müssen behinderte Menschen darauf achten, welche Rolle sie in einer Gesprächssituation über ihre Behinderung einnehmen wollen oder müssen.

Während es im Bildungssystem und bei Krankenkassen wichtig ist zu betonen, was ich als behinderter Mensch nicht kann, wäre es fatal dies bei neu geschlossenen Freund*innenschaften ebenso zu machen. Die neuen Freund*innen könnten beim ersten Eindruck womöglich denken, dass die behinderte Person langweilig ist, weil sie nicht alle Unternehmungen mitmachen kann. Hier kann es auf den ersten Blick als Vorteil erscheinen, die eigenen Grenzen zu überschreiten, um dadurch leistungsfähiger zu erscheinen. Doch der langfristige Nutzen davon ist für behinderte Menschen äußerst fragwürdig.

All diese Bewertungsschemata speichern behinderte Menschen ab. Einige versuchen zu ›täuschen‹, um bei sozialen Kontakten Vorteile zu erlangen. Dazu gehört, Hilfsmittel in der Öffentlichkeit gezielt nicht zu verwenden, um nicht als behinderter Mensch erkannt zu werden. Ebenso könnten sie versuchen, Lebensumstände, die mit fehlender Barrierefreiheit, oder Einschränkungen, die mit ihrer Behinderung zusammenhängen, als Charakterzüge oder persönliche Eigenschaften dazustellen. Die Konsequenzen davon sind beispielsweise, als unordentliche Person zu gelten, statt zuzugeben, nicht immer die körperlichen

Ressourcen zum Aufräumen zu haben. Oder riesige Umwege in Kauf nehmen, dadurch zu spät zu kommen und ›lieber‹ als schusseliger und unpünktlicher Mensch gesehen zu werden, statt auf die fehlende Barrierefreiheit aufmerksam zu machen. So verschweigen behinderte Menschen beispielsweise auch, Pausen zu brauchen, gehen an Orte, die nicht barrierefrei sind, um nicht ausgeschlossen zu werden, und überschreiten ganz allgemein ihre körperlichen Grenzen . Manche erwarten dies sogar von sich selbst und fordern ein körperliches und psychisches Burnout geradezu heraus. Gerade als Jugendliche und junge Erwachsene habe ich meine körperlichen Grenzen oft gezielt überschritten, um bei Bekannten und Freund*innen besser angesehen zu sein. Dahinter steckte die Angst, ansonsten ausgeschlossen zu werden, als langweilig zu gelten und am Ende alleine zu sein.

Im Erstkontakt kommt behinderten Menschen immer die Aufgabe zu, Berührungsängste Nichtbehinderter abzubauen. Neben dem Verstecken ist eine weitere Methode des internalisierten Ableismus der Versuch, sich als Mensch mit Behinderung zu ›reparieren‹ und sich damit auch äußerlich der nichtbehinderten Dominanzgesellschaft anzupassen. Das kann verschiedene Formen annehmen, beispielsweise indem körperliche wie auch andere Fähigkeiten optimiert werden. Z.B. wird exzessiv gehen geübt, damit man eine Weile ohne zu schwanken wie Nichtgehbehinderte laufen kann. Und es gibt auch blinde Menschen, die darauf schwören, sich nur mithilfe der Technik – also ohne Verwendung der Brailleschrift – bessser durchs Leben zu schlagen, anstatt beides gleichermaßen und situationsangepasst zu nutzen. Kurz: Es wird alles unternommen, um nicht als defizitär wahrgenommen zu werden und nicht durch bestimmte Verhaltensweisen oder Hilfsmittel aufzufallen. Das kann durch Operationen erreicht werden wie beispielsweise Gliedmaßenverlängerung bei Kleinwüchsigen, auch wenn nur fünf Zentimeter hinzugewonnen werden. Natürlich kann eine Gliedmaßenverlängerung je nach Situation das Alltagsleben wesentlich erleichtern: wenn z.B. fünf Zentimeter dazu fehlen, bestimmte Geräte im Alltag nutzen zu können, die nicht barrierefrei vorhanden sind. Ich hatte als Kind auch immer die Idee, mich als Jugendliche verlängern zu lassen, um mich an Nichtbehinderte anzugleichen. Dahinter stand der tiefe Wunsch, endlich nicht mehr aufzufallen. Aus Angst vor Schmerzen und den unzähligen Krankenhausaufenthalten habe ich es dann letztendlich doch nicht gemacht.

Auch beim Täuschen und Reparieren verschwimmen die Grenzen zwischen internalisiertem Ableismus und dem Ableismus von außen, da die verinnerlichten Zuschreibungen, auf die behinderte Menschen reagieren müssen, um einen durchschnittlichen Alltag zu verrichten, kaum ohne diese ›Strategien‹ möglich sind und es fraglich bleibt, wie viel Einfluss die einzelne Person mit Behinderung überhaupt darauf hat. Oftmals erleben behinderte Menschen diesbezüglich *Victim Blaming*. Sie seien selber schuld, wenn sie Diskriminierungen gegen sich verinnerlichten und müssten dagegen ankämpfen. Nur: Wo anfangen und wo aufhören? Woher die Kraft nehmen, in jeder Lebenssituation gegen Menschen, Infrastruktur, genormte Gegenstände, Gesetze und Sprache anzukämpfen?

Warum Ableismus auch für nichtbehinderte Menschen schlecht ist und wie er ihre Lebenswelt betrifft

Bisher haben wir darüber gesprochen was Ableismus mit der Lebensrealität behinderter Menschen macht und wie er ihr Selbstbild beeinflusst. Die nichtbehinderte Dominanzgesellschaft und Menschen mit Behinderung – eine undurchdringbare Wand an ableistischen Erfahrungen. Versetzen wir uns an den Beginn der Pandemie zurück, erinnern wir uns daran, dass Leistungsfähigkeit entgegen aller Hindernisse beispielsweise im Gesundheitssektor und Einzelhandel hochgelobt wurde. Gleichzeitig kam der Aufruf: ›Der Wert eines Menschen definiert sich nicht über dessen Leistungsfähigkeit. Es ist okay, gerade nichts zu schaffen.‹ Das lag daran, dass viele im Ausnahmezustand nicht weitermachen konnten wie vorher. Genau diese Aussage zu Leistungsfähigkeit würden sich Menschen mit Behinderung im Alltag wünschen, rund um eine konstruktive gesellschaftliche Diskussion, welche Arbeitsweisen den Menschen wirklich guttun und uns alle glücklich machen. Die aktuelle Burnout-Kultur hingegen – also Menschen über ihre Leistungsfähigkeit zu definieren und ihnen zu vermitteln: ›Streng dich noch mehr an, da geht noch mehr‹ – ist nichts anderes als Ableismus. Als ich dieses Thema in einem Seminar über apokalyptisches Denken ansprach, nickten alle nachdenklich, aber bestimmt. Es zeigt, wie tief verankert Ableismus auch in der Lebenswelt von Nichtbehinderten ist, und dass diese sich erst darüber bewusst werden, wenn die Batterien leer sind.

Im Alltag begegnen Nichtbehinderte kaum Menschen mit Behinderung, da sie meist weder gemeinsam die Schule besuchen noch am Arbeitsplatz aufeinandertreffen. Sie führen ein Leben wie in einer Parallelwelt, das Ableismus nährt, aber gleichzeitig Nichtbehinderte in der Machtposition hält. Es ist Zeit, dass Nichtbehinderte es in die Hand nehmen, ihren eigenen Ableismus zu überdenken, Denk- und Handlungsmuster verändern und nicht die gesamte Verantwortung auf behinderte Menschen abschieben. Bevor du die nachfolgenden Tipps für den Erstkontakt mit behinderten Menschen liest, denke darüber nach. wie du mit den jeweiligen Situationen bisher umgegangen bist und reflektiere nach dem Lesen dein Verhalten.

Tipps für den Erstkontakt mit behinderten Menschen

Sprich mit Menschen mit Behinderung

Zunächst gehört dazu, dass du mit Menschen mit Behinderung selbst kommunizierst und nicht mit deren Begleitung. Bist du selbst die Begleitung, dann weise die Person darauf hin. Sonst ist das paternalistisch[52] und macht behinderte Menschen zu einem Objekt. Das gilt ebenso im Gespräch mit tauben Menschen. Schau nicht die Gebärdensprachdolmetscher*innen an, sondern den tauben Menschen, mit dem du sprichst. Lass Menschen mit Sprech- und Sprachbehinderungen ausreden, halte den Blickkontakt mit ihnen und beende keine Sätze für sie. Sondern warte geduldig. Sprichst du mit blinden Menschen ist es für diese sehr hilfreich, wenn ihr erstmal euren Namen nennt, da sie euch nicht unbedingt an der Stimme erkennen. Das ist ähnlich wie beim Telefonieren und erleichtert die Kommunikation für alle. Respektiere den persönlichen Raum von allen behinderten Menschen. Willst du blinde oder taube Menschen auf dich aufmerksam machen, sprich blinde Menschen an. Die taube Aktivistin Christine Liao rät, sich in das Blickfeld der tauben Person zu stellen und mit einer Geste auf sich aufmerksam zu machen.

Lerne das richtige Auftreten mit behinderten Menschen im Gespräch

Als kleinwüchsige Erwachsene werde ich oft von Erwachsenen angesprochen, als wäre ich ein Kind, und kleinwüchsige Kinder werden angesprochen, als wären sie Babys. Das ist Infantilisierung. Dazu gehört auch, behinderte Menschen als ›süß‹ zu bezeichnen und ihnen über den Kopf zu streichen. Menschen mit Behinderung altersentsprechend anzusprechen, beinhaltet unter anderem, sie zu siezen. Denk daran, wie du in dem jeweiligen Alter behandelt und angesprochen werden willst und wie sich diese Handlungen für dich anfühlen würden. Hättest du dabei ein sehr unwohles Gefühl? – Dann mach es auch nicht bei behinderten Menschen. Genauso wenig wie anstarren, egal wie penetrant oder nicht.

Umgang mit Gesprächsthemen

Lernst du einen behinderten Menschen kennen, hast du sicher viele Fragen zur jeweiligen Behinderung und das ist auch in

52 Paternalistisch bedeutet bevormundend.

Ordnung, da du somit nicht die Behinderung ignorierst. Es gibt jedoch Fragen, die unangemessen sind. Besonders für den Erstkontakt oder falls du einen Menschen noch nicht gut kennst: Frag nicht nach den Diagnosen eines behinderten Menschen, das ist Privatsache. Das Gleiche gilt für den Behindertenstatus. Andere Fragen sind für mich wiederum auch von Fremden in Ordnung.[53] Ich wurde schon mehrfach auf der Straße auf mein Dreirad angesprochen und eine Frau fragte mich, ob sie ein Foto machen dürfe, für einen Angehörigen. Solange ich darauf nicht zu sehen war, war das kein Problem für mich. Die Frau hat mir danach das Foto gezeigt, damit ich sicher sein konnte und somit meine Privatsphäre gewahrt. Lernst du eine Person besser kennen und ihr freundet euch an, ist das anders. Für mich ist es in einer Freund*innenschaft sogar wichtig, Details über meine Diagnosen zu teilen, weil damit meine Lebenswelt und Gedanken besser nachvollzogen werden können. Immer erwünscht sind Fragen, in denen es darum geht, was ich brauche um beispielsweise an einer Veranstaltung teilnehmen zu können oder sich im Freund*innenkreis zu treffen. Diese Fragen sind gerade für den Erstkontakt besonders erwünscht, weil so das Zusammenkommen im gleichen Raum erst möglich wird und es mir zeigt, dass mein Gegenüber dies ebenso bemerkt.

Behinderten Menschen helfen

Ihr Alltagsleben organisieren sich behinderte Menschen nach den Möglichkeiten ihrer Umwelt selbst genau so, dass alles funktioniert. Brauchen sie doch einmal Hilfe, ist es Konsens unter behinderten Menschen, selbst um Hilfe zu fragen. Penetrant aufgedrängte Hilfe ist unangebracht. Richtig unverschämt ist vermeintliches ›Helfen‹, ohne dass Menschen mit Behin-

---

53 Jede behinderte Person entscheidet selbst, welche Fragen in Ordnung sind und somit beantwortet werden, und welche nicht. Nicht-Antworten zu akzeptieren und nicht nachzubohren gehört deshalb genauso zu antiableistischer Praxis wie vor dem Fragenstellen zu überlegen, wie die Wirkung dieser Frage auf die Person sein könnte.

derung danach gefragt oder zugestimmt haben. Dies kann je nach Situation und Behinderungen auch gefährlich werden, wenn vermeintliche Helfer*innen eine Tür öffnen und gehbehinderte Menschen das Gleichgewicht verlieren könnten. Sollten behinderte Menschen doch Hilfe brauchen, dann erwarte kein überschwängliches Dankeschön in Situationen, wo es von Nichtbehinderten auch nicht erwartet wird.

Barrierefreie Plätze

Unzählige Male musste ich schon vor einer Toilette für behinderte Menschen warten, um dann festzustellen, wie unter meinen bösen Blicken Nichtbehinderte rauskamen, die sich dafür rechtfertigten, unberechtigt einen Raum für behinderte Menschen genutzt zu haben. Damit setzen Nichtbehinderte Menschen mit unsichtbaren Behinderungen oder chronischen Erkrankungen, die diese Toiletten ebenso benötigen, noch zusätzlicher Diskriminierung aus, weil diese auf den ersten Blick als Nichtbehinderte wahrgenommen werden und daher von behinderten Menschen ebenso böse Blicke ernten. Wir sehen es Menschen nicht an, ob sie beispielsweise einen Stomabeutel haben oder eine Darmerkrankung oder ob eine Mutter mit ihrem autistischen Kind die Behindertentoilette benutzt. Daher nutzt als Nichtbehinderte oder Nichtbetroffene nicht die Hilfsmittel und Räume, die für Menschen mit Behinderungen vorgesehen sind. Das gleiche gilt für Behindertenparkplätze, barrierefreie Umkleidekabinen oder für behinderte Menschen reservierte Plätze in öffentlichen Verkehrsmitteln. Dies sind keine Extra-Räume, sondern behinderte und chronisch kranke Menschen sind darauf angewiesen, um im Alltag teilzuhaben.

Was bedeutet *Nondisabled*[54] *Privilege*

Nichtbehindert zu sein, ist ein Privileg! Die dominanzgesellschaftlichen Glaubenssysteme suggerieren, dass bestimmte Fähigkeiten, wie gehen, sehen, hören und weitere Fähigkeiten essenziell seien. Diese Systeme gehen davon aus, dass eine Behinderung zu haben etwas Abnormales sei und daher ein Nachteil. Nondisabled Privilege bedeutet, als Nichtbehinderte*r – im Gegensatz zu behinderten Menschen – über bestimmte Themen, nicht nachdenken zu müssen.[55]

Fragen, die sich nur Menschen mit der jeweiligen Behinderung stellen:

- Kann ich Café, Schule, Universität, Geschäft, Restaurant, Bank als gehbehinderte Person betreten oder nicht?
- Kann ich als schwerhöriger oder tauber Mensch jeden Film anschauen?
- Ist für mich als blinder Mensch jede Website barrierefrei zugänglich?
- In welche Wohnung kann ich als gehbehinderter Mensch ziehen? Und werde ich als Mieter*in mit Behinderung in die engere Wahl genommen?
- Finde ich als Mensch mit Lernschwierigkeiten Arbeit auf dem ersten Arbeitsmarkt oder muss ich in eine Werkstatt für behinderte Menschen?
- Darf ich in die gleichen Schulen wie Nichtbehinderte gehen?
- Werde ich als Mensch, der kommunizieren kann wahrgenommen? Wird Kommunikation über Talker, Symbole, Bilder oder Malen als Mittel der Kommunikation ernst genommen?
- Bekomme ich als Menschen mit einer Sprach- oder Sprechbehinderung die Zeit, die ich zur Kommunikation in Lautsprache brauche? Werde ich ernst genommen oder für die Art und Weise der Artikulation ausgelacht?

---

54 Nondisabled ist das englische Wort für nichtbehindert.
55 Vgl. Eisenmenger, Ashley https://www.accessliving.org/newsroom/blog/ableism-101/ (31.03.2022).

Was für Nichtbehinderte ganz normal scheint, aber ein Privileg ist:

- Du kannst problemlos jedes Verkehrsmittel nutzen.
- Im Alltagsleben musst du nicht jede Tätigkeit genau planen, weil alles für dich zugänglich ist, z.B. die Toilette.
- Die Umwelt und Gesellschaft reagiert nicht auf deine Nichtbehinderung.
- Als Nichtbehinderter bist du im Fernsehen, Film, Büchern und Zeitung bestens repräsentiert.
- Du findest jederzeit eine Wohnung, die deinen körperlichen Ansprüchen genügt und deine Nichtbehinderung wird nicht als Kriterium für die Auswahl als Mieter*in einbezogen.
- Die Berechtigung, Bildung zu erwerben und auf dem ersten Arbeitsmarkt zu arbeiten, wird von der Dominanzgesellschaft bei Nichtbehinderten überwiegend nicht infrage gestellt.
- Du kannst in jeder Situation flüssig und ohne ungewollte Unterbrechungen in Lautsprache kommunizieren, wirst von anderen Menschen ernst genommen, verstanden und bekommst Raum kommunizieren zu dürfen.

Menschen mit Nondisabled Privilege sind keine Adressat*innen für ableistische Sprache. Das sind beispielsweise die Worte ›dumm‹, ›Idiot*in‹ oder ›blöd‹, da sie diskriminierende Ausdrücke für Menschen mit Lernschwierigkeiten sind. Diese Wörter werden insbesondere verwendet, um andere Menschen zu beleidigen. Um die Intelligenz einer Person geht es hier in den wenigsten Situationen, sondern vielmehr um Menschen, die rücksichtlos, verantwortungslos oder einfach unverschämt handeln. Du hast bereits gelernt, dass ›behindert‹ nichts Schlechtes ist, sondern eine Lebensrealität. Daher beleidige auch nicht Menschen mit Lernschwierigkeiten und Lernbehinderungen. Nicht-ableistische Beleidigungen sind zum Beispiel Begriffe wie ›Stein‹ oder wie wäre es mit ›Toastbrot‹ oder schlicht das zu Unrecht verpönte ›Scheiße‹?[56]

---

56 Vgl. Klement, Max https://www.egofm.de/blog/netz/ableistische-sprache-im-alltag (31.03.2022).

Genauso wichtig und Teil des Nondisabled Privilege ist, sich selbst einzugestehen, unbewusst ableistisch zu handeln, und sich dafür als Nichtbehinderter nicht selbst zu bemitleiden. Das nennt sich *Nondisabled Fragility* (Nichtbehinderte Zerbrechlichkeit). Das ist die Reaktion Nichtbehinderter auf die Benennung ihrer Privilegien, die häufig mit einem überhöhten Verteidigungsverhalten einhergeht. Dieses Verhalten wird als *Nondisabled Tears* (›nichtbehinderte Tränen‹) bezeichnet. Im realen Leben können tatsächlich bei Nichtbehinderten Tränen fließen, wenn sie auf ihre Privilegien angesprochen werden. Ebenso häufige Reaktionen sind betretenes Schweigen, Aggressionen, das Verlassen der Situation oder die Verleugnung ihrer Privilegien. Nichtbehinderte müssen anfangen, sich konstruktiv damit auseinanderzusetzen. Ableismus betrifft alle. Auch behinderte Menschen handeln und denken ableistisch, weil wir alle in der gleichen Gesellschaft ableistisch sozialisiert wurden. Sie haben jedoch nur bestimmte Anteile der Privilegien, während Nichtbehinderte alle besitzen.

Umso wichtiger ist es, ob du aus deinem ableistischen Verhalten und Denken etwas lernst und wie du mit deinem diskriminierenden Verhalten umgehst. Entschuldige dich für ableistisches Verhalten, informiere dich, wie du es besser machen kannst, und verändere deine Sprache. Nichtbehinderte müssen lernen, für ihr diskriminierendes Verhalten Verantwortung zu übernehmen statt *Victim Blaming* zu betreiben. Behinderte Menschen sind nicht schuld, dass du ableistisch handelst, nur weil sie es benennen. Der nächste Schritt ist Verbündete*r für Menschen mit Behinderung zu werden. Das nennt sich auch *Allyship*[57]. Die nachfolgenden Tipps geben dir einen ersten Einblick, wie du zur verbündeten Person, zum *Ally*[58], für behinderte Menschen werden kannst:

---

57 Allyship ist das englische Wort für Bündnis.

58 Ally ist das englische Wort für Verbündete*r.

- **Verbündete*r werden ist ein fortlaufender Prozess.**

Sei dir bewusst: Eine verbündete Person für behinderte Menschen wirst du nicht von heute auf morgen, sondern es ist und bleibt eine Reise, dich immer wieder selbst zu reflektieren und etwas dazuzulernen. Mitleid oder behinderten Menschen helfen zu wollen, sollten keine Beweggründe sein, Verbündete*r zu werden. Das wäre ableistisch, da es wieder stereotypes Denken über Behinderung bedient. Daher reflektiere zuerst deine Beweggründe warum du ein Ally werden willst. In meinen Workshops zu Barrierefreiheit und Ableismus erlebe ich immer wieder, dass viele Menschen den Anspruch an sich selbst haben, alles über Behinderung und Ableismus sofort lernen und verstehen zu können. Die Lebenswelten behinderter Menschen sind jedoch komplex und diese an einem Tag verstehen wollen, ist utopisch. Mach dich auf den Weg, Stück für Stück sichtbare Veränderungen in deiner Institution, dem Unternehmen, deinem Geschäft und deinem Umfeld allgemein zu etablieren, und sei bereit, den Weg auch kontinuierlich weiterzugehen.

- **Informiere dich über Ableismus und Behinderung, ohne behinderte Menschen auszunutzen. Nicht alle behinderten Menschen sind Expert*innen**

Behinderte Menschen sind kein wandelndes Lexikon und du hast kein Recht auf komplette Auskunft über ihre Lebensrealität mit Behinderung und ihre Erfahrungen mit Ableismus. Schon gar nicht spontan auf der Straße, während ihr gemeinsam an der Ampel wartet oder den Aufzug nutzt. Die Arbeit von Behindertenrechtsaktivist*innen zu schätzen und zu respektieren, bedeutet auch, ihre Inhalte zu wertschätzen. Es ist harte emotionale Arbeit und (re-)traumatisierend, wieder und wieder über Ableismus sprechen zu müssen, auch als Behindertenrechtsaktivist*in. Daher respektiere ihren Wunsch, nicht alles erzählen zu wollen, und erwarte nicht, dass sie jede diskriminierende Erfahrung immer wieder aufs Neue erzählen, nur weil sie beispielsweise einen Beitrag darüber geschrieben haben.

- **Gerechte Entlohnung**

Wertschätze die Arbeit von Behindertenrechtsaktivist*innen, indem du sie gerecht für ihre Arbeit bei Workshops, Vorträgen und dergleichen bezahlst. Es ist kein Akt der Nächstenliebe, behinderte Menschen als Expert*innen auf eine Veranstaltung einzuladen, um kostenfreie emotionale und aufklärende Arbeit zu leisten, sondern Ausbeutung. Gleichzeitig ist es wichtig, sich über die Inhalte und Themen von behinderten Menschen zu informieren und nicht auf das zurückzugreifen, was sogenannte ›Expert*innen‹ ohne Behinderung über behinderte Menschen sagen.

- **Sichtbarmachung in den sozialen Medien**

Teile die Inhalte von behinderten Menschen auch mit deinen nichtbehinderten Freund*innen und Kolleg*innen und kläre sie somit über Ableismus auf, indem du auf die Arbeit von Behindertenrechtsaktivst*innen verweist.

- **Gib behinderten Menschen Raum**

Spreche nicht über sie. Sie können sich selbst vertreten. Frage dich bei Gesprächen und Veranstaltungen immer, welche Stimme am Tisch fehlt und welche Lebenswelt somit nicht vertreten ist. Sprich es bei Veranstaltungen direkt an, fordere ein, auch Redner*innen mit Behinderung einzuladen. Wenn du selber nichtbehindert bist, halte dich mit Meinungen zurück und erkenne an, über welche Lebenswelten du selbst nicht sprechen kannst, weil du sie nicht erlebst. Das gilt ebenso für behinderte Menschen. Als kleinwüchsige und gehbehinderte Frau verhalte auch ich mich ableistisch, wenn ich eingeladen werde über Menschen mit Down-Syndrom, Hörbehinderung oder Blindheit zu sprechen, weil das nicht meine Lebenswelt ist.

- **Nondisabled Privilege**

Werde dir deines Nondisabled Privileges bewusst und arbeite systematisch an seiner Dekonstruktion.

- **Fordere als Nichtbetroffene*r aktiv Barrierefreiheit ein**

Damit nimmst du behinderten Menschen enorm viel emotionale Arbeit ab. Barrierefreiheit braucht mehr Aufmerksamkeit und Menschen, die darauf aufmerksam machen. Frage, warum es keine Rampe für gehbehinderte Menschen gibt und mache auf Initiativen aufmerksam, die sich für Barrierefreiheit einsetzen. Das gilt ebenso für Barrierefreiheit im digitalen Raum. Weise User*innen daraufhin Bildbeschreibungen und Untertitel bei Videos zu verwenden und achte selbst auf digitale Barrierefreiheit, wenn du Content produzierst. Auch wenn ein Unternehmen beispielsweise Experimente macht, wie einen Nachmittag in einem Rollstuhl zu verbringen, um zu verstehen, was es bedeutet, Rollstuhlfahrer*in zu sein – dies bildet nicht annähernd die Lebenswelt von Menschen, die einen Rollstuhl nutzen, ab, und es benötigt mehr als das. Eine Stunde Rollstuhl-Parcours zeigt vielleicht im ersten Augenblick, dass Schwellen für Rollstuhlfahrer*innen problematisch sind, kann aber ebenso den Eindruck hinterlassen, dass ein Leben im Rollstuhl daher sehr traurig, bemitleidenswert und nur anstrengend ist. Der Rollstuhl als Hilfsmittel bedeutet für Behinderte hingegen Mobilität und damit Freiheit. Anstrengend wird das Leben im Rollstuhl nur, wenn Barrieren wie Schwellen vorhanden sind. Viel sinnvoller als ein Rollstuhl-Parcours für Gehende wäre es daher, wenn Gehende Rollstuhlfahrer*innen in ihrem Alltag begleiten und reflektieren, welche Barrieren ihre Begleitung antrifft und diese als gehende Person überhaupt wahrzunehmen.

- **Website und Apps**

In Deutschland gibt es die WheelMap, in der alle Menschen eintragen können, wie barrierefrei ein Ort ist. Nutze sie und mach darauf aufmerksam. Sprich auch an deinem Arbeitsplatz, der Hochschule oder den Institutionen darüber, Websites und Gebäude barrierefrei zu gestalten, auch wenn es keine Mitarbeitenden mit Behinderung an diesen Orten gibt.

- **Verschenke dieses Buch**

Teile dein Wissen, das du dir mit diesem Buch angeeignet hast auch mit deiner Familie, deinen Freund*innen, Arbeitskolleg*innen, indem du dieses Buch verschenkst und somit dazu beiträgst, das Wissen über Behinderung und Ableismus zu verbreiten.

- **Buche Workshops, die von behinderten Menschen durchgeführt werden.**

Ein Weg, dich weiterzubilden, ist, Workshops, Lehrgänge oder auch langfristige Coachings und Beratungen von behinderten Menschen selbst in dein Unternehmen, deinen Verein, deine Institution oder dein Projekt einzubinden und dementsprechend zu bezahlen.

- **Lass behinderte Menschen auch über andere Themen als ihre Behinderung und ihre Diskriminierungserfahrungen in der Öffentlichkeit sprechen**

Behinderten Menschen Raum zu geben, über ihre Lebenswelt mit Behinderung, ihre Identität, Inklusion und Ableismus zu sprechen, ist wichtig. Dennoch neigen viele Diskussionsrunden und Veranstaltungen im deutschsprachigen Raum, in denen behinderte Menschen auftreten und sprechen, dazu, sie nur als Repräsentant*innen für die eigene Sache einzuladen. Auch das ist ableistisch, da sich behinderte Menschen nicht 24 Stunden am Tag nur mit ihren Diskriminierungserfahrungen beschäftigen – auch nicht Behindertenrechtsaktivist*innen. Daher nimm Menschen mit Behinderung als vielfältige Persönlichkeit wahr, die auch zur Klimakrise, der Astrophysik, der aktuellen Weltpolitik oder dem neusten Modestyle etwas zu sagen haben. Lade sie ein und nimm ihnen das Stigma, über nichts anderes in der Öffentlichkeit etwas sagen zu können.

Ausblick: *Disability Pride* und *Culture* – Behinderung als Identität

»Nichts ohne uns über uns« ist der Leitspruch der internationalen Behindertenrechtsbewegung und entstand in den 1970er-Jahren. Wenn wir über Ableismus sprechen, ist es wichtig, darauf einzugehen, dass Menschen mit Behinderung eine Kultur haben, die *Disability Culture* (Kultur behinderter Menschen). Im deutschen Sprachraum ist diese bisher wenig bekannt. Während meines Studiums der Anthropologie und Weltgeschichte gehe ich immer wieder als einzige Studentin mit sichtbarer Behinderung (unsichtbare Behinderungen werden selten öffentlich gemacht) in den Vorlesungen auf meine Lebenswelt ein. Meine Professor*innen zeigen an meinen Erläuterungen oftmals sehr großes Interesse, wissen aber auf die von mir gestellten Fragen keine Antwort, da sie sich selbst kaum mit *Disability History* (die Geschichte der Behinderung) auseinandergesetzt haben. Umso wichtiger ist es, der Dominanzgesellschaft zu vermitteln, dass hinter jeder Lebenswelt von Menschen mit Behinderungen eine erforschbare Geschichte steckt, die den gegenwärtigen Umgang mit Behinderungen und Ableismus erklärbar macht.

Studien besagen, dass das Selbstbewusstsein behinderter Menschen stark damit verbunden ist, ob sie ihre Behinderung als Identität wahrnehmen. Auch mir erging es so. Während ich als Jugendliche in der Schule so lange gedemütigt wurde, dass ich nicht nur die Schule, sondern sogar die Stadt wechselte, erkannte ich nicht, dass nicht meine Behinderung, sondern das gewaltvolle Verhalten meiner Mitschüler*innen und der Lehrkräfte das Problem waren. Erst zwei Auslandssemester in Italien, wo ich zufällig in eine sehr barrierefreie Stadt kam, zeigten mir endgültig, wie mein Leben auch aussehen könnte. Es begann meine Reise dahin, selbst ein Teil der Behindertenrechtsbewegung zu werden, und mein Selbstbild veränderte sich immer mehr zum Positiven.

Heute sage ich stolz: Ich habe eine Behinderung und ich möchte kein anderes Leben. Der Ableismus und die ableistische Welt sind das Problem, nicht ich. Eine große Hilfe waren und sind hier Social Media für mich, da ich in einem Umfeld mit Nichtbehinderten aufgewachsen bin und Vorbilder oder Menschen, mit denen ich mich über Erfahrungen austauschen konnte, fehlten. Eine tolle Erfahrung bei der ich mich sehr verbunden fühlte, war meine erste Teilnahme bei einer *Disability Pride*[59] *Parade.*[60] Inspiration dazu war der Christopher Street Day, bei dem sexuelle Vielfalt gefeiert und stolz auf die eigene Identität verwiesen wird. Die erste Disability Pride Parade fand 1990 in Boston statt. Hier ziehen behinderte und chronisch kranke Menschen, oftmals mit bunten Kleidern und ganz viel Glitter, durch die Straßen und machen mit dem Umzug auf die von ihnen geforderten Rechte aufmerksam. Gleichzeitig soll das öffentliche Auftreten als Community das eigene Selbstbewusstsein steigern, sich in der Öffentlichkeit zu zeigen. Anlässlich des *Americans With Disabilities Act (ADA)*, der am 26. Juli 1990 in den USA als Bürgerrechtsgesetz für behinderte Menschen verabschiedet wurde, ist der Juli der Disability Pride Month. In diesem Zeitraum finden die meisten Disability Pride Parades statt.

Für *Disability Culture* spielen Social Media eine große Rolle, da sie viele barrierearme Möglichkeiten bieten, um Initiativen oder Kampagnen zu starten. Disability Culture ist aber ebenso Kunst, Tanz, Musik – mit all seinen verschiedenen Ausdrucksformen. Hast du schon mal von Dancability oder Rollstuhltanz gehört? Kennst du Gebärdensprachchöre oder Rap in Gebärdensprache? Oder den Film *Crip Camp*, der 2021 für einen Oscar nominiert wurde? Hier geht es um die Anfänge der US-amerikanischen Behindertenrechtsbewegung und welche Rolle Woodstock dabei spielte. Kennst du Disability Pride Parades oder warst selbst schon auf einer? Behinderung als Identität

---

59 Pride ist das englische Wort für Stolz.

60 Vgl. Schöne, Andrea https://leidmedien.de/aktuelles/behindert-und-verrueckt-feiern-die-disability-mad-pride-parade/ (31.03.2022).

und Lebenswelt zu begreifen, braucht mehr, als über Ableismus zu sprechen.

In der Disability History dominiert oft die Ausgrenzungs- und Aussonderungsgeschichte, bemerkt die Historikerin Anne Waldschmidt. Im deutschsprachigen Raum fallen mir hier sofort die NS-Behinderten- und Krankenmorde ein. Ebenso wichtig ist aber, kulturelle Repräsentation, und was das über Behinderung aussagt, in den Blick zu nehmen. Daher ist es der Disability History ebenso ein Anliegen, als behindert konstruierte Menschen nicht nur als Opfer von gewaltvollen Ideologien zu betrachten. Zu einer emanzipierenden Geschichtsschreibung gehört es auch zu untersuchen, wo behinderte Menschen Widerstand geleistet haben. Als Historikerin denke ich da für die aktuelle Zeit vor allem an die Verfassungsklage vom Juni 2020, als neun chronisch kranke und behinderte Menschen gegen die Triage-Bestimmungen in Deutschland vor Gericht zogen.[61]

Ziel sollte sein, nicht eine Geschichte *über* Behinderung, sondern *mit* Behinderung zu schreiben. Mir ist bewusst, dass dies noch einiges an Zeit brauchen wird und wir als Gesellschaft noch viel über Ableismus lernen müssen, um ihn zu erkennen, zu reflektieren und letztlich zu überwinden. Dieses Buch soll ein Anfang sein.

---

61 Vgl. Bull, Jonas https://www.hrw.org/de/news/2022/01/14/deutsches-gericht-fordert-schutz-von-menschen-mit-behinderungen-bei-triage (16.08.2022).

Literaturverzeichnis

Bücher:

Bösl, Elsbeth / Klein, Anne / Waldschmidt, Anne (Hg.) (2010): Disability History. Konstruktionen von Behinderung in der Geschichte. Eine Einführung. 1. Auflage. Bielefeld: transcript Verlag.

Cherney, James L. (2019): Ableist Rhetoric. How we Know, Value and See Disability. 1. Auflage. The Pennsylvania State Press.

Egen, Christoph (2020): Was ist Behinderung. Abwertung und Ausgrenzung von Menschen mit Funktionseinschränkungen vom Mittelalter bis zur Postmoderne. 1. Auflage. Bielefeld: transcript Verlag.

Goffman, Erving (1963): Stigma. Notes on the Management of Spoiled Identity. 1. Auflage. Englewood Cliffs, New Jersey.

Goffman, Erving (2010): Stigma. Über Techniken der Bewältigung beschädigter Identitäten. 1. Auflage. Frankfurt am Main: suhrkamp taschenbuch wissenschaft.

Kollodzieyski, Tanja (2020): Ableismus. 1. Auflage. Berlin: SUKULTUR.

Ladau, Emily (2021): Demystifying Disability. What to Know, What to Say and How to be an Ally. 1. Auflage. New York: Ten Speed Press

Laes, Christian (Hg.) (2017): Disability in Antiquity. 1. Auflage. New York: Routledge

Nario-Redmond, Michelle R. (2020): Ableism. The Causes and Consequences of Disability Prejudice. 1. Auflage. Hoboken: Wiley Blackwell.

Spanierman, Lisa Beth, Wing Su, Derald (2020): Microaggressions in Everyday Live. 2. Auflage. Hoboken: WILEY.

Wing Sue, Derald (2010): Microaggressions and Marginality. Manifestation, Dynamics and Impact. Hoboken: WILEY.

YouTube Video:

YouTube: Stella Young: Nein danke: Ich bin nicht Ihre Inspiration | YouTube, 2014, [YouTube] https://www.youtube.com/watch?v=KCqgErJbeXY.

Internetseiten:

Behrend, Sophia https://dieneuenorm.de/arbeit/diversitat-behinderung-unternehmen/ (31.03.2022).

Behindertenrechtskonvention Info https://www.behindertenrechtskonvention.info/ (16.08.2022).

Prof. Dr. Bendel, Oliver https://wirtschaftslexikon.gabler.de/definition/triage-122418 (16.08.2022).

Bull, Jonas https://www.hrw.org/de/news/2022/01/14/deutsches-gericht-fordert-schutz-von-menschen-mit-behinderungen-bei-triage (16.08.2022).

Deutsche Fatigue Gesellschaft https://deutsche-fatigue-gesellschaft.de/fatigue/was-ist-fatigue/ (vgl. 16.08.2022).

Eisenmenger, Ashley https://www.accessliving.org/newsroom/blog/ableism-101/ (31.03.2022).

E Liz, Vanessa https://thegec.org/blog/2021/4/8/the-realities-of-gaslighting-when-you-have-a-disability (31.03.2022)

Finkbeiner, Lela https://dieneuenorm.de/kolumne/selber-schuld/ (31.03.2022).

Forber-Pratt, Anjali https://www.publichealthpost.org/research/say-the-word/ (31.03.2022).

Karpa, Jonas https://leidmedien.de/aktuelles/warum-handicap-das-falsche-wort-fuer-behinderung-ist/ (26.07.2022).

Klement, Max https://www.egofm.de/blog/netz/ableistische-sprache-im-alltag (31.03.2022).

Krause, Till https://sz-magazin.sueddeutsche.de/gesellschaft-leben/besuch-in-der-kleinstadt-79783 (16.07.2022).

Krauthausen, Raul https://dieneuenorm.de/gesellschaft/vier-menschen-sind-tot-der-ableismus-lebt/ (31.03.2022).

L. Bauman, H-Dirksen: audism. https://www.britannica.com/topic/audism (31.03.2022).

LGBT Map https://www.lgbtmap.org/file/LGBT-People-With-Disabilities.pdf (16.08.2022).

Abilitywatch https://abilitywatch.de/menschistmensch/ (16.08.2022).

Netzwerk Mensch Zuerst https://www.menschzuerst.de/ (31.03.2022).

Schöne, Andrea https://leidmedien.de/aktuelles/behindert-und-verrueckt-feiern-die-disability-mad-pride-parade/ (31.03.2022).

Stead Sellers, Frances, https://www.washingtonpost.com/health/2022/06/06/long-covid-disability-advocacy/ (20.07.2022).

Freundeskreis Paul Wulf

Ich lehre euch Gedächtnis

Paul Wulf: NS-Opfer – Antifaschist – Aufklärer

304 Seiten | 19.80 €
ISBN 978-3-89771-087-0

Die Nazis erklärten Paul Wulf zum »lebensunwerten Idioten«, heute gilt er als Aufklärer über die Verbrechen der NS-Psychiatrie.

Heimkinder und Psychiatrisierte wurden von den Nazis als ›lebensunwert‹ stigmatisiert und oftmals zwangssterilisiert. Paul Wulf (1921–1999) wurde bereits mit elf Jahren in eine »Idiotenanstalt« eingewiesen und 1938 selbst zwangssterilisiert. Er war einer der ersten, der nach dem Krieg das Schweigen durchbrach und mit seinen Recherchen und Ausstellungen auf das Schicksal dieser vergessenen Opfer aufmerksam machte.

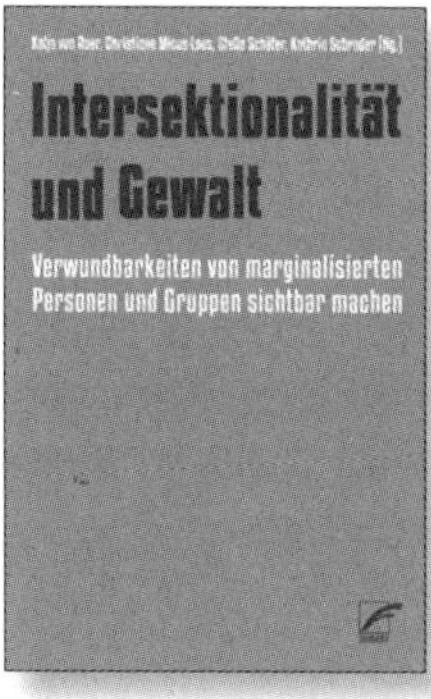

Katja von Auer u.a.

Intersektionalität und Gewalt

Verwundbarkeiten von marginalisierten Gruppen und Personen sichtbar machen

260 Seiten | 18 €
ISBN 978-3-89771-347-5

Die Gewalterfahrung von vulnerablen Personen und Gruppen sichtbar machen!

Der vorliegende Band, der auf aktuellen Forschungsergebnissen und der Auseinandersetzung mit queer-feministischen Theorien basiert, geht der Frage nach, wie die Verwundbarkeit marginalisierter Personen und die Ausschlüsse, die sie erfahren, sichtbar gemacht werden können und was zu tun ist, um auch diesen Gruppen diskriminierungsfreien Schutz zu gewähren.